政协委员讲

辽宁故事

政协委员 讲 辽宁故事 4

ZHENGXIE WEIYUAN
JIANG
LIAONING GUSHI

本书编委会　编

中国文史出版社

编委会

目 录 CONTENTS

红山文化的守护者

刘洪君

20 世纪 80 年代，位于辽宁朝阳的牛河梁红山文化遗址中发现了大型祭坛、女神庙、积石冢，出土了震惊世界的女神头像，这些重大发现将中华文明史向前推进了 1000 多年，被考古学界泰斗苏秉琦先生誉为"中华五千年文明的曙光"。

王冬力，这位对红山文化有着浓厚情感与极度热爱的朝阳人，用自己的全部力量去守望、传承红山文化，将每一颗文化的种子播种到人们的心间。

十几年来，他怀着一颗敬仰的心认真做研究、搞收藏，探访了红山文化区域内的所有遗迹遗址圣地，收集了 2000 多件红山文化民间遗存。为了让红山文化的魅力得到最大限度的释放，2009 年 9 月 1 日，他个人出资，在朝阳最具文化氛围的慕容街创办了德辅博物馆。

德辅博物馆是辽宁省首家经国家文物部门定级的民办博物馆，也是全国唯一一家经国家文物部门全馆定级的民办博物馆。国家文物部门的专家组三次进驻德辅博物馆为馆藏文物定级，5000 余件藏品被定级为国家级文物，其中国家一级文物 10 件，二级文物 47 件，三级文物 197 件，三级考古资料 3 件……

　　取得如此成就，与王冬力的不懈努力和对建立博物馆的准确定位有关。他认定博物馆是让更多人领悟红山文化博大精深的最佳场所，是弘扬和保护红山文化的最重要载体。早在建馆之初，他就为德辅博物馆确立了公益发展的主线，免费向社会公众开放，充分发挥了博物馆教育社会公众、宣传红山文化的社会功能。

　　为了拓宽红山文化的宣传渠道，王冬力还建立了德辅博物馆的微信平台、官方网站，通过云平台展示德辅博物馆珍贵藏品；网罗红山文化的专业知识，为红山文化爱好者打造网上家园；携带真品参加世界博物馆协会大会，让全世界的目光开始聚焦于中国朝阳的红山文化；接受韩国大田 STB 电视台的邀请，赴韩进行红山文化专题电视演讲，在韩国引起"红山热"……

　　除了做红山文化的传播者，王冬力还是红山文化的研究者。他发表了系列论文，出版了相关著作，获得中国文物保护基金会颁发的"第七届中国文化遗产保护年度杰出人物提名奖"。

如今，每每听到有人谈论红山文化，王冬力都倍感自豪："红山文化璀璨绚丽，我们后人能做的就是保护和传承。我会继续坚定地做一个守望者，让更多人认识红山文化，了解红山文化，传承中华文明！"

（作者系朝阳市政协委员，朝阳市政协文化和文史资料委员会主任）

以刀为笔　琢砚生花

冯月婷

砚，文房四宝之一。辽宁本溪的"松花石砚雕刻技艺"工艺复杂，用料考究，砚饰豪华、富丽、大气，文化内涵深邃，为砚中独有，深受海内外砚文化喜爱者和收藏界推崇，因其独特的文化精神和技艺特点，于2014年被纳入国家级非物质文化遗产名录，2018年被列入文化和旅游部、工业和信息化部联合发布的第一批国家传统工艺振兴目录。

作为松花石砚制作技艺第五代传承人，我不单单要把砚台做好，还要充分发挥石材的优势，实现传统工艺转型，让更多人接纳它。

逆境中生存

我的父亲冯军是一名老手艺人。清宫御用松花砚就是从他手中一步步走入人们的视野，使更多人了解了这方几乎被淹没在历史中的名砚。父亲去世后，我在众人满是质疑的眼光中接下了他传给我的接力棒。

从博物馆到高校，从登门拜访业内大师到探寻四大名砚坑口……我用三年的学习实践，将传统的制砚工厂转型为以传统手工艺为抓手、多种工艺相结合的综合型传统工艺研发制造企业。

传承中创新

2019年1月，北京恭王府博物馆举办了"祈福纳祥"辽宁松花石砚制作技艺精品展。展览从松花石砚的传统制作技艺入手，既有仿制清宫旧藏松花石砚，也有现代创新作品。因受到各界人士的高度关注，原定30天的展期延至60天，观展人次超过10万。

同年9月举行的"辽宁松花石砚制作技艺的传承保护与发展学术研讨会"亦是热闹非常：国家非物质文化遗产展览展示研究中心专家团队、全国各高校的文化艺术研究专家及学者就辽宁松花石砚制作技艺的传承保护与发展各抒己见，为提升本溪松花石砚的知名度和影响力、推动辽宁制砚产业的发展明确了方向。

创新中发展

秉承"克宽克学，而益求其精；惟精惟一，道积于厥躬"的理念，我与清华大学美术学院、中国宝马合作生产的系列文创产品，突破了材料、传统工艺乃至行业的限制，把创新从原本的虚无变得越来越清晰。

如今，越来越多人问我："制砚工艺是非遗项目中的传统手工艺，应该向工业化转型吗？"在我看来，非遗产业化转型是大势所趋，也是必经之路。作为非遗项目的传承人，我一直寻求从更多的方向展示展演非遗技艺：固态的展示、动态的展演，让大众更能身临其境地感受传统技艺的魅力。

守候中传承

秉承匠人之道，我努力向世人展现一种情怀、一份坚守、一种执着和一份责任。砚石入手，温凉如玉，内窥如墨，手指碰触砚台表面的细腻纹路，仿佛能感觉到一块石材在匠人的精雕细琢下化石成砚的过程——可以说，一方砚台承载的不只是点点墨迹，更是匠人的一份初心，是对中国传统文化的传承、积淀，是对文化历史的浓缩与理解。我和我的团队将继续在琢磨、苦学与攀登中，保留松花石作品自然的灵性，使其充满生命的质感，在"匠"与"技"、智慧与内涵的融合中，推动这项艺术不断达到新的高度！

（作者系本溪市政协委员，辽宁紫霞堂文化传播有限公司董事长）

三代夙愿一肩扛　愿做丰碑守护人

田兆亮

"……梁士英提起爆破筒，冒着枪林弹雨，艰难地爬行到敌堡下。关键时刻，山崩地裂般一声巨响，地堡被炸得粉碎，年轻的士英牺牲了……"

在辽沈战役纪念馆，这样的讲述每天都在重现，观众们屏息静默，小孩子驻足凝视，老人眼中噙满泪花……这位饱含深情的讲解员，正是革命烈士梁士英的后代——锦州市政协委员梁丹丹。

在锦州，提起先烈梁士英，可谓无人不晓。"梁士英"三个字早已成为英雄符号，被广为传颂。

1948年，锦州攻坚战打响。梁士英随部队从锦州城西北方冲向城垣。为突破一处易守难攻的敌人地堡，身为爆破组组长的他主动请缨，与敌人同归于尽，用年轻的生命为后续部队打开了胜利冲锋的豁口。

锦州解放后，梁士英被追认为"特等功臣"，追记

三大功，梁士英生前所在班被命名为"梁士英班"，锦州城西北门改称"士英门"，"惠安街"改称"士英街"，古塔区敬二小学改名为"士英小学"，他的牺牲地"梁士英舍身炸地堡遗址"被列为省级文物保护单位，辽沈战役烈士陵园还修建了梁士英烈士墓。

先烈牺牲50余年后，19岁的梁丹丹从家乡吉林报名参军。从部队复员后，她放弃已分配好的工作，千里迢迢奔赴爷爷牺牲的地方——锦州。

素面朝天的她站在纪念馆讲解员的队伍里，一遍又一遍练习着讲解词。谈起来锦州的原因，她动情地说："爸爸梁继英也是一名军人，骨子里流淌着军人的血液。爷爷牺牲后，家里人一直希望有人能到锦州来陪伴爷爷。"

在她看来，红色故事的历史内涵和时代价值对加强思想政治引领、广泛凝聚共识具有不可或缺的重要意义。作为一名政协委员，发挥好纪念馆平台作用，把讲好英雄故事与委员履职有机结合起来，是她的责任和使命。

"爷爷和无数先辈的革命精神已经成为锦州人民心中一座永恒的丰碑。这太平盛世正如爷爷所愿！身为他的后人，更要不负青春、不负韶华！"2019年9月，梁丹丹主动申请调到配水池战斗遗址保护中心，用所见、所闻、所感讲述革命事迹，用心、用情、用力讲好每一个英雄故事。

为了三代人的心愿，梁丹丹不仅要陪伴爷爷，还要用行动影响更多年轻人，做革命精神的传播者和红色故事的讲述者，把红色基因赓续下去。

在做好接待讲解工作的同时，她还坚持面向社会各界，开展党史学习教育宣讲，到机关、团体、学校等地讲授《致敬·梁士英》《我的爷爷梁士英》等公益党课、馆校思政教育课。

自 2019 年开始，她主动走访看望参加过辽沈战役的老战士，代表他们祭奠牺牲的战友。她热心公益，在自己的能力范围内，资助贫困学生，为偏远地区学校学生、志愿军老兵捐款、捐物，参加微慈善等活动。

三代从戎，精神永传。以英雄为榜样，延续爷爷生命轨迹的梁丹丹将继续坚守辽沈战役纪念馆红色阵地，传播红色故事，传承红色基因！

[作者系锦州市政协委员，锦州市政协港澳台侨（外事）委员会主任]

朝阳这个商会很赞

李建波

初夏，朝阳喀左新型包装材料产业园生产线机声轰鸣，车间内热火朝天。园区企业在喀左雄安商会的组织带动下，克服经济下行因素影响，积极复工复产。

喀左雄安商会的组建还要从 2017 年雄安新区成立说起。雄安新区是贯彻落实新发展理念的创新发展示范区，建设雄安新区是千年大计。为配合雄安新区建设，所有生产型企业面临外迁。一石激起千层浪，70 多家招商团队云集雄安，对雄安的企业展开强大攻势。其中，以朝阳喀左县招商团队最为抢眼，时任雄县兴茂达塑业有限公司总经理的徐海洋被喀左县招商团队打动，先后组织了百名企业家三

次赴朝阳喀左，对人文、地理、环境等因素进行全方位深入考察。

朝阳喀左地理优势明显，高铁高速相继

开通，物流发达，既能满足当前的华北客户，也能满足继续开发东北客户的发展需求。另外，从原材料考虑，包装所需要的溶剂、膜、颗粒在辽宁都有生产。最后，徐海洋带领38家企业决定落户朝阳喀左新型包装材料产业园，成立喀左雄安商会，并实现当年转移、当年投产。

落户喀左五年来，在县委、县政府的支持下，喀左雄安商会组织企业积极参加政府组织的有关活动，配合园区开展招商引资工作，最终共有42家企业落户产业园。五年来，商会实现销售收入10亿元，安置就业2000人。

园区一批优秀企业崭露头角。以喀思瑞公司、博硕公司、北印公司、华耀公司为代表的软包装生产企业，产品覆盖食品、服装、医疗等各领域，远销欧美70多个国家；以宝塑公司、威姣公司、邦利公司、瑞利硕丰公司、运泰利达公司为代表的原料膜、油墨、色母料、添加剂等生产企业技术力量雄厚，在尖端技术和产品创新方面已走在行业前列；以嘉盛公司、旭茂公司为代表的塑料管件、塑料桌布生产企业，产品远销全国各地……

如今，在商会的带领下，商会企业正积极推动产业升级，坚持高端化、智能化、绿色化发展方向，促进产业生产方式加速变革：引进一批国内外先进生产线，推动申报高新技术企业和专精特新小巨人企业，努力把喀左新型包装材料产业园区打造成东北软包装生产基地。

（作者系朝阳市政协委员，喀左博硕包装材料有限公司董事长）

"零证明"让百姓得实惠

丁 汐

过去，各类证明给办事企业和群众带来许多烦恼。为解决此类问题，实现由"减证便民"向"无证利民"的转变，葫芦岛市自2020年起，以"无证利民"为改革目标，全面开展"零证明"城市创建。

"零证明"这样办

"妈，单位需要包括父母、祖父母、外祖父母等直系亲属的无犯罪记录证明、居住证明等一系列证明材料。"接到儿子打来的电话，魏女士开心之余又焦虑起来：家人分别居住在不同的市、区，拿到6个人的18份证明，要反复跑不同的社区、派出所，不折腾个两三天肯定办不完……儿子又着急，她只好先给户籍地龙港区龙湾边防派出所打电话，预约办事时间。令她意外的是，工作人员告诉她不用来派出所了："大姐，咱们市创建'零证明'城市，推出了'网上开证明'服务，您登录葫芦岛政务服务网，按操作指引就可以自己在网上办理。"在工作人员的详细讲解下，魏女士只用了不到一个小时的时间，就办好了原本需要跑好几个地方才能办完的证明。

线上跑代替来回跑

自"零证明"城市创建以来，葫芦岛市由以前的企业、群众"来回跑"变为政府部门"线上跑"，真正实现了企业和群众开具证明"零跑腿"。截至 2021 年底，通过直接取消、数据查询、信用承诺、部门核验等方式，共取消证明 387 类，对应办理事项 952 项，已实现证明事项清理全覆盖。这不仅方便了企业和群众办事，也提高了机关工作效率，减轻了基层工作负担——像公益性岗位人员资格复审这样的工作，过去从个人开具到机关收集、汇总、核对等至少需要三四个月的时间才能完成，现在不到一个月就完成了，受到普遍好评。村和社区的工作人员对"零证明"城市的创建也赞不绝口，因为需要他们开具的证明从 253 项一下子减少到 21 项。

据统计，葫芦岛市已通过"零证明"方式办理证明事项 4.4 万

多例，相当于节省企业、群众办事时间 4 万余个工作日（之前，每办理一次平均用时最少 1 个工作日，现在用时不到 1 小时）。这项工作不仅得到了办事企业和群众的广泛认可，也得到了上级有关部门的认可——先后被授予 2020 政府信息化管理创新奖，被评为第二届（2021）全国政务服务软实力·数字化实践典型案例。

所有的荣誉都是认可，所有的感谢都是成绩！能让更多的百姓因此受益，就是政务服务者们最大的光荣！

（作者系葫芦岛市政协委员，葫芦岛市营商环境建设局副局长）

我核发了清河区第一张电子证照

王璐璐

时间就是效益。用最短的时间办成行政审批各项业务，对企业来说，是最舒心的事。

在窗口岗位工作多年，我深知这个道理。

2021年7月1日，我为铁岭嘉博房地产开发有限公司绿园小区工程核发了清河区第一张电子证照，高效便捷的服务让企业竖起了

大拇指，也让我深切感受到了自己的价值。

2021年6月，市自然资源局核发了我市第一张电子证照后，清河分局随即开始着手推进本局的电子证照核发事宜。作为主办工作人员，我一开始毫无头绪，不知道从哪里下手。随后，我认真学习相关政策材料，多次向市大数据中心工作人员请教，在对具体业务反复论证校对后，经过一个月的不懈努力，终于在7月1日为绿园小区工程核发了清河区第一张电子证照——建设用地规划许可证。

"对接中，工作人员不厌其烦地回答我们各种问题。不管啥时候，只要我们问，都帮我们琢磨，办手续时我们只来一次，就拿到了建设用地规划许可证。"铁岭嘉博房地产开发有限公司总经理李敬楠对我们的服务给予充分好评，说这不仅节省了企业的时间，还为企业开展下一步工作提供了便利。

2019年7月，全市工程建设项目审批改革工作全面开展，需要各县（市）区抽调一名工作人员前往市自然资源局进行工作学习。当时，我还在哺乳期，女儿刚满周岁，不能留宿铁岭，只能每天往返几十公里跑通勤。那时候，我每天早上5点多就出发，孩子醒了哭着找妈妈，我也只能狠心挂断电话，一次假都没请过。在市自然资源局工作学习的两个月，我参与制作8张工程审批服务流程图、各类项目一张表单及多规合一、多测合一实施细则的起草等工改前期准备工作，不仅学习到了很多业务技能，更得到了市营商局和市自然资源局领导和同事们的一致认可。

如今，清河区电子证照的核发不仅做到了快捷方便，也实现了不见面审批，让企业从申请到取证全程网办，避免来回跑，工程建设项目审批制度改革也走向了电子信息化，大大提升了行政审批服务质量。

作为一名"90后"，我将继续在与群众、企业的接触中耐心细致地做好服务，在热爱和奉献中实现自己的人生价值，为清河区营商环境建设贡献自己的力量！

（作者系铁岭市清河区政协委员，铁岭市自然资源局清河分局职员）

奏响工业化文明与生态文明的交响曲

徐　峻

　　初夏的鞍山微风和煦，正是槐花飘香的季节。嫩绿的五角枫、粉红的海棠、深褐色的红叶李……将钢铁之都装扮得五彩缤纷、绚烂多姿。人们漫步在绿荫下，徜徉在花海里，尽情地享受着城市建设带来的芬芳，感受着生活的幸福美好。

城市更绿更美了

　　走在大街上，抬头是湛蓝的天空，点缀着朵朵白云；眼前是绿色葱葱，娇羞的花朵随风摇曳。道路两旁，一排排的银杏、国槐等新型树种替代了过去的"杨柳榆"老三样，盛大的树冠遮天蔽日；绿化带中，中华黄金榆、紫叶小檗、水蜡等灌木形成了绿色的屏障，把城市装扮得分外美丽。

　　"绿美鞍山"专项行动，为城市披上了盛装。沿二一九路行至胜利广场，沿途风景美不胜收。高标准全力打造的胜利广场及周边、二一九路和二一九公园正门重点景区、街巷路三联线的花卉精品示范路，一棵棵乔木、灌木、花卉，让城市更增添了五颜六色，仿佛一幅美丽的画卷展现在眼前。

城市更有内涵了

曾经，提及鞍山，首先想到的就是"钢铁的硬"。随着城市环境建设的不断发展，鞍山人做足了青山绿水的环境文章，文化底蕴越来越浓。

曾经的鞍钢以生产经营为主，而今不仅建起了博物馆，还有了集中国冶金文化建设、党史学习教育、爱国主义教育为一体的综合性文化产业基地。曾经的鞍山只是一个驿站，如今不仅挖掘出悠久的历史文化起源，而且打造了集地下开采和旅游于一身的文化旅游带。千山、雨桐玉文化博物馆、钢·美术馆等文化旅游场所形成了各具特色的文化旅游岛，为更多人认识鞍山、了解鞍山、推介鞍山提供了文化支撑，让鞍山这座钢铁之城变得更加多彩。

城市更宜居了

几年来，随着老旧小区改造步伐的加快和城市精细化管理的不断加强，居民们实实在在地看到了身边的变化，感受到了政府给予百姓的实惠。

遵循"300 米见绿、500 米见园"原则建立的 200 个口袋公园，充分利用街边、街角、居民聚集区裸露土地、不完整绿地、闲置土地，让花园建在城市中，城市建在花园里。

漫步城市，铁东区的口袋公园已串起了城市的精致风景，让居民实现了推窗见绿、开门入院的惬意生活；铁西区的绿色更多了，居民遛弯儿休闲的地方也更多了；经开区的口袋公园集文化、生态、健身、休闲功能于一体，满足了居民的多样化需求……

鞍山这个曾经以钢铁为主色调的城市在悄然间实现了历史性蜕变。在这部工业化文明与生态文明的交响曲中，我们期待鞍山奏响更加辉煌的乐章！

（作者系鞍山市政协委员，鞍山市新闻传媒中心城区部主任）

东北首个海上风电项目落户庄河

钟丽欣

  家乡庄河的辽阔海面上，一台台"海上风车"并肩而立、错落有致，随风旋转的叶片，转出的是幸福和香甜，舞动的是绿色和清洁。

  庄河背山向海，生态环境良好，是座美丽的海滨小城，是大连的后花园。庄河2900平方公里的海域，100米高度年平均风速在7米/秒，拥有绝佳的海上风力资源。庄河人万分珍惜大自然的恩赐，既要保护好绿水青山，也要发展好产业。早在2009年，市里就开始对庄河海域开展普查，组织开展海上风电场的规划和项目预可研等前期工作。

  2013年7月，《大连市海上风电场工程规划报告》获国家能源局批复，同意庄河市海域规划8个海上风电场，总装机容量190万千瓦，这是当时辽宁省唯一批复规划的海上风电项目，也为庄河加快产业转型升级，转变经济发展方式带来了难得的机遇。

  为推进海上风电项目落地，庄河市组建了工作专班，先后与十几家央企协商洽谈，终于在2015年5月与中国三峡新能源有限公司签署了庄河Ⅲ海上风电项目开发权协议。2016年12月，完成了庄河Ⅲ海上风电项目的核准，创造了当时海上风电核准最快的"庄河速度"。

2017 年 3 月 30 日这一天，庄河人无比激动、兴奋。三峡新能源Ⅲ号风电场项目正式开工建设，装机容量 30 万千瓦，总投资 51.4 亿元。这是东北首个海上风电项目，是庄河历史上投资最大的产业项目。在庄河黑岛近海海域，作业船只往来穿梭，大型打桩船、浮吊船、运输船、交通船有序作业。2019 年 1 月 18 日，首台风机并网发电。与此同时，华能集团庄河海上风电项目与三峡海上风电齐头并进，也在紧锣密鼓地推进。2020 年 11 月 25 日，历时三年零八个月，东北首个 30 万千瓦海上风电项目全容量并网发电。至此，庄河清洁能源产业实现了从无到有，新兴产业培育取得了重大突破，"智慧能源城市"建设拉开了序幕，产业转型升级进入了新阶段。

风机的旋转，转出了庄河的经济效益和社会效益。1 台 4 兆瓦的风电机组大约每年能发电 1000 万度，按五口之家平均每个家庭年用电 5000 度估算，单台风机的发电量可满足 2000 户家庭一年的用电需求。

风机的旋转，带动了风电产业的发展。中船重工在大连北黄海经济开发区投资建设风电装备产业园，形成了风机主机、叶片、电器设备、测试调控等产业链条。世界最长的 5MW 风电叶片在庄河下线，总长度达 83.6 米。这里将是我国海上风电装备的主要生产基地，将为后续海上风电开发提供经验和示范，也为资源优势与产业优势的良好结合开辟了新的发展模式。2021 年 9 月，国内首款风轮直径最大的增速型 10 兆瓦级海上风电机组在位于庄河的中国船舶集团海装风电股份有限公司大连总装基地下线。该机组具有自主知识产权，达到国际先进水平，填补了我国深远海超大型海上风力发电机组的空白，标志着我国已跨入超大型海上风电机组研制行列。

在推进海上风电项目的同时，庄河市坚持多能互补、绿色低碳和智慧互动的能源发展理念，已初步建立风、光、水、核、氢绿色能源体系产业格局。除海上风电项目外，装机容量 10 万千瓦的永记

水库集中式光伏发电项目并网发电；982处屋顶分布式光伏发电已经建成；装机容量100万千瓦的抽水蓄能电站项目获得核准，已进入开工准备阶段；核电项目被纳入国家核电厂址保护目录。庄河市清洁能源投产装机容量占全市的26%。

　　风吹风车转，风吹幸福来。"海上风车"是一道风景，让庄河小城更加美丽璀璨、空气香甜；"海上风车"是一项产业，推动庄河清洁能源高质量发展；"海上风车"更是一种象征，象征着人们的幸福生活和这座城市的蓬勃活力！

（作者系大连庄河市政协委员，庄河市科技和工业信息化局副局长）

学生们的"快乐星球"

王新宇

数控机床、3D 打印、激光雕刻机、物联网、人形机器人……你能想象，这些高科技产品和概念会出现在中学课堂上吗？

如今，"科技特色"已经成为沈阳高中教育的一张靓丽名片，在为学生打造开阔丰富的成长天地的同时，更在校园中探索出一条独具特色与魅力的"幸福教育"之路……

在沈阳市第五中学，有一种教育叫"科技场"，有一种成长叫"场效应"。这个创新天地被同学们称为"快乐星球"。只要感兴趣，同学们随时可以在科技课堂上体验到数控机床、激光雕刻机这些"科技玩具"。

在科技场馆资源的支持下，学校的科技教育在科技团队的高端设计与积极探索下，在前沿的数字技术及创客领域获得了快速发展。由学校科技辅导员设计开发的系列科技特色课程、科技类校本教材、服务于选科和高考的 App 与应用小程序已经成为"科技五中"的特色品牌。

在这里，学生通过车床铣床及木工加工等机械设备，生产金属或木质结构组件；用矩阵式 3D 打印机打印出实体模型；用激光切割机，通过 AutoCAD 和 CorelDRAW 等软件进行图形设计、切割组件、搭建作品；应用树莓派、Arduino、Microbit 等进行机器人等多种智能设计……走进科技新世界，体验科学带来的魅力。

学校科技团队先后组织带领学生参与多届辽宁省青少年科技创新大赛，荣获了 60 余项省市奖项。学校共有 5 支机器人代表队，先后参与国际国内 20 余项比赛，斩获国际金奖、国家一等奖等各类奖项 40 余项，《"科技场"引领学生创新发展的实践研究》课题也荣获辽宁省基础教育成果二等奖。

2021 年，学校党总支以党史学习教育为立足点和出发点，设计了十二个月度"红色主题"，启动了一整年的系列"红色活动"，以"红色故事"打造"红色文化"，夯筑"红色信仰"，成功打造了具有五中特色的党建品牌。信仰就是旗帜，百年名校不仅要有文化传承，更要有精神赓续，只有这样，教育才能生生不息，蒸蒸日上。

秉持着这样的初心与情怀，作为沈阳市"十四五"首批名优校长工作坊主持人，我努力发挥一个教育实践者的辐射作用，依托学校特色化发展的办学经验，带领沈阳市七所学校的校长开展办学特色与课程体系、课堂模式、教师队伍、成长平台及教育资源融合实践的积极探索，以五中为样本，带动兄弟学校实现学校优质化、特色化发展。

未来没有止境，教育没有止境。为了更好的未来，为了更好的教育，教育工作者的探索与奋斗也没有止境。

适应当前教育发展的需要，破解教育中的各项难题，任重而道远。教育工作者只有与时俱进，执着砥砺，才能塑造辽宁教育工作的辉煌业绩！

（作者系沈阳市政协委员，沈阳市第五中学校长）

篮球场上的追风少年

冯 哲

我与"篮球少年"结缘于一次调研。

当时，我看到著名 NBA 球星乔丹和沈阳市第 31 中学篮球队的一张合影，心中很是诧异：一支普通的中学生球队，一位家喻户晓的职业球星，二者是怎么联系起来的呢？

随着深入的了解，我找到了问题的答案——这群了不起的篮球少年曾获得亚洲中学生篮球锦标赛亚军，曾先后三次代表国家参加

世界中学生篮球锦标赛，创造了中国中学生参加世界中学生篮球比赛的最好成绩。31中学也因此被全国大学生篮球协会命名为"CUBA篮球训练基地"。

获得CBA联赛总冠军的辽宁男篮是31中学篮球少年们的榜样。辽篮的拼搏意识潜移默化地影响着他们，他们也在默默追随辽篮的脚步。

"既然总有人要赢，那为什么不能是我"是这支队伍始终不变的追求。从早期训练的烈日炎炎和冰天雪地，到初建球馆之后的条件改善，再到现在配有跑步机等运动器械的健身场馆，这支队伍的训练从不停息；无论是平常的日子，还是漫长的寒暑假期、阖家团圆的节日，这支队伍的训练从不停息。正是这日复一日的训练，提高了队员的基本功，磨炼了队员的意志，令球队的凝聚力不断增强。

2021年9月，第十四届全动会U19三人篮球赛在西安举行。代表辽宁省出战的沈阳市第31中学男子篮球队——这支不折不扣的"学生军"，在高手如林的较量中，勇战广东、福建、山东等7支专业强队，取得了第四名的好成绩。敢拼敢抢、坚持到底的"学生军"，通过顽强拼搏为这支建队40年的篮球队再添荣誉。

提起体育生，很多人会不自觉联系到"身体素质好"。事实上，学校在招生时同样看重学生的品德与成绩。在校期间，教练、班主任和各科老师密切配合，既抓好训练，也时刻关注孩子们的思想动态、学业成绩。

球队的教练既是"严师"，也是"慈父"。刚刚通过上海交通大学高水平运动队测试的黄秋实，刚入学时身体瘦弱，单脚起跳比较少，王强教练就为他量身定制了三年规划——不仅帮助他强壮身体，还为他增加了篮下双脚起跳相关训练。功夫不负有心人，在教练的呵护下，黄秋实在2020—2021中国高中篮球联赛全明星赛中被评为"最有价值球员"。王强教练慧眼识出刘颜诚的领导能力和指挥能力，及时将其从前锋改为后卫，从最开始的纠结、不适应，到慢慢成长，经过五年训练，刘颜诚最终登录 CBA，成为一名职业球员……

这样的实例在 31 中学男子篮球队数不胜数，有的球员通过努力进入清华大学、北京大学、上海交通大学等高等学府，有的则入选 U18 国家青年男篮集训队，成为职业球员……他们不仅创造了球队的光辉历史，还将成为中国篮球的骄傲。照片中的这群篮球少年，就是将文化学习、品德教育与体育锻炼相结合的典范。

寒冬酷暑，春华秋实。篮球场上，总能看到少年们追风的身影。他们将用拼搏与汗水书写新的历史，创造属于自己的辉煌！

（作者系辽宁省政协委员，沈阳市铁西区人民政府副区长）

海归学子创业带动家乡"腾飞"

曾　颖

阜新高新技术产业的快速发展，离不开那些朝乾夕惕的科技工作者。他们"十年磨一剑"，发扬"攻坚克难、锐意创新、乐于奉献"精神，通过淬火历练，艰辛寻真求实，在关键核心技术领域不断实现重大突破。

我所讲述的这位科学家，毕业于南京航空航天大学，是智能无人系统及飞行器设计专家、高级工程师、北科大天津分院特聘教授；相继担任中国北方航空公司机务生产调度主任机务工程师、美国波音公司总部高级工程师，曾荣获辽宁省优秀科技工作者、"辽宁好人·最美科技工作者"称号。他就是李涛。

专注科技创新　伫立行业潮头

肯取势者可为人先，能谋事者必有所成。2002 年，李涛在上海自主创业，开始专注于无人机的研发生产及应用，牵头承接了多项具有较高科技含量的国家重点项目，并成为国内四轴飞行器的开发者之一。从有人机到无人机，从业以来，李涛主持开发重点自动控制系统 10 余种、重点科研项目及课题 20 多项，研发的无人机产品达 30 余种、无人车产品 5 种，拥有发明专利 5 项、实用新型专利 5

项、软件著作权 11 项……他和团队开发的人工智能吊舱产品走出国门，助力"一带一路"建设，落地中白"巨石"

工业园，并为国外相关部门提供全线巡逻产品和技术支持。

以赤子之心　投身家乡科技建设

德不优者，不能怀远。身为阜新人，李涛感恩于家乡的哺育，毅然决然带着技术团队、研发人才、科技项目回到家乡，继续开展无人机研发与应用。这一干，就是 12 年。12 年间，他每天废寝忘食地研究技术、开发产品，大力培养年轻技术人才，倾囊传授技术技艺，为科技创新培养生力军、后备军。

中国辽宁阜新首届航空教育体验嘉年华暨海州智能无人系统产业发展研讨会、中国无人机竞速公开赛（阜新站）的相继举办，让李涛为家乡而自豪。为了激发青少年对航空的兴趣，李涛组织开展免费航空主题体验活动，设计了针对青少年的航空类电脑编程体验，让孩子们在聆听、制作、飞行的体验中感受科技的力量。

潮头登高再击桨，无边胜景在前头。无人机产业迅猛发展的背后，是技术的不断进步和市场的持续扩大，李涛和他的团队将在无人机领域再创佳绩，以兢兢业业的奉献助力家乡振兴，以实实在在的行动，引领中国无人机事业、产业走向下一个辉煌！

（作者系阜新市政协委员，阜新市科协副主席）

共聚酯　中国造

张　兵

2002 年以前，辽阳石化聚酯研究室主任陈颖对共聚酯这个名词还一无所知。那时，国外公司垄断共聚酯产品已近 20 年——从生产到销售全过程保密，价格居高不下。

在这个背景下，临危受命的陈颖担负起研发 PETG 共聚酯的重任。从"小学徒"到 PETG 行业的"大工匠"，陈颖主持的"从实验室研发到工程技术转化再到市场推广应用"的 PETG 共聚酯研发项目，获授权国家专利 60 件，多项技术和产品填补了国内空白，成功实现了 PETG 共聚酯国产化和产业化，打破了发达国家对国内

PETG 共聚酯市场的长期垄断，扭转了我国 PETG 共聚酯完全依赖进口的局面。

2017 年，随着国内消费升级，共聚酯需求量爆发式增长，辽阳石化根据市场变化，在已经停产五年的老聚酯装置上启动共聚酯生产。此时，陈颖的角色也发生了转变，她从研究院调到聚酯厂，肩负起产销研力量集结的重任。

为了打开共聚酯产品销路，陈颖带队走访华南市场。这一路并不顺利，很多公司根本不相信辽阳石化能生产出这种产品……陈颖又埋下头来收集市场信息，跑市场期间，只要看到 PETG 的字样，她就走进去推广产品，提供试用技术支持。

在共聚酯实现批量生产后，国外进口产品每吨价格下降三分之一，直接降低了"中国制造"的采购成本。辽阳石化成为世界上第三家能够量产共聚酯的企业，在中国人自主生产的品牌上，打上了"宝石花"的印记。

2018 年 9 月 27 日，习近平总书记到辽阳石化考察时，对老装置生产出了国内唯一、世界第三的共聚酯产品给予肯定。

谆谆嘱托，铭记在心。

自此，"打造中国最好的聚酯"成为陈颖聚酯创新攻关团队的郑重宣言。

2020 年，医用口罩核心材料熔喷布的价格飙升，市场上"一布难求"。为保障供给、平抑物价，公司决定上马熔喷无纺布生产线。

"国家和人民需要什么，我们就生产什么，关键时刻必须顶得上去。"从零开始，主动出击，陈颖调集精兵强将组建项目组，围绕项目可研报告、施工图设计、设备选型等重点工作多路并跑，全速推进项目实施。最终，产品成功通过了 CNAS 实验室的检测认证，达到欧盟 FFP2 级口罩的需求标准。

为给新的聚酯产业发展方向提供技术支持，公司聚酯研发团队又着手创建了中国石油集团公司拉膜实验室。目前，公司已在聚酯装置上形成了太阳能背板膜专用料、开口母料、哑光母料、PETG 共聚酯等"差异化、特色化、高端化"的产品布局，满足了不同领域用户的需求。

　　从受制于人到科技自立，从被动适应市场到主动创造市场，陈颖和聚酯创新团队在困境中寻求突破，在逆境中激流勇进，以不畏艰难险阻的意志、敢啃硬骨头的勇气，在中国聚酯产业的大潮中卓然而立。

　　（作者系辽阳市政协委员，沈阳工业大学辽阳分校石油化工学院学科主任）

难心事变成暖心事

李卫军

作为土生土长的大连人，我的成长、创业经历都和家乡紧密相连。1997年，我创办了鑫诚华筑建设集团有限公司。随着城市营商环境的不断优化，公司业务从立足大连到辐射全国，蓬勃发展。

在近期的一次施工过程中，由于甲方上级主管部门的开业政策有变，项目消防手续办理不符合正常程序，卡住了。心急如焚的我将情况反映给了市住建局。市住建局高度重视，多次与辖区住建局召开联合办公会，主动担责，持续推动，由市住建局消防处跟踪督办直至消防手续完成。

事后，我发自内心地向他们表示感谢。他们说："推动企业发展就是推动这个城市的发展，我们理应服务好"，"这是我们应该做的，我们也将继续总结经验，创新工作方式方法，争取做得更好。有什么困难随时联系我们。"

2020年，企业注册地迁到了企业总部所在地甘井子区辛寨子街道的中冶商务园。初来乍到，一切从头开始，企业一边要正常经营发展，一边要与政府相关部门对接联系，办理各种手续，真是千头万绪。就在这时，甘井子区辛寨子街道的领导同志主动带队，街道办事处主任，经济办、财政办等业务部门负责人，税务所等职能部

门工作人员一同上门，为企业提供无缝对接的一条龙服务，让我们不必东奔西跑，可以毫无牵挂地正常经营生产。不仅如此，他们还积极为企业发展纾难解困，助力企业顺利承接了华为技术服务中心、望海数据中心的设计及装修施工、麦花集团生产车间的建设施工。

他们亲切地说："只要到了甘井子、辛寨子，那就是我们的娘家人，我们一定全力为你们做好服务。"这般有求必应，让我们感受到政府服务意识的改变和营商环境的持续改善。

成为政协委员后，我又得到了政协组织的关怀——市政协连续两年组织银企对接会，为企业解决资金困难，助力企业发展，多次帮助协调解决企业遇到的困难和问题。

如果说企业是树，城市的营商环境就是滋养大树成长的土壤、空气和水。面对家乡厚爱，唯有扎根沃土、奋发图强。

近三年，企业连续跻身中国建筑装饰行业 100 强企业行列，成为东北唯一一家中国建筑装饰行业副会长单位，年纳税近千万元。

我愿倾注热爱、挥洒汗水，在这片土地奉献一生。我愿我们的城市生生不息、蓬勃发展，不断续写春天的辉煌！

（作者系大连市政协委员，中国建筑装饰协会副会长）

打造群众身边的"警务驿站"

李万龙

"善谋者胜，远谋者兴。"为把营商利企的"规划图"变为"施工图"，把惠民服务的"时间表"变成"计程表"，丹东公安系统打出了一系列公安营商"组合拳"：不断优化顶层设计，将营商环境建设上升为"一把手工程"，组建营商建设支队，制定营商工作提档升级8项任务清单，谋划"六点双圈"营商矩阵；持续巩固护企维权、安商兴业平安阵地，创新"1+6+N"警企共建新模式，启动"春风暖企公安行"活动，全警攻坚涉企案件破案率达到91.2%；出台保障民生"十件实事"，建成132个公安综合窗口并评选窗口服务之星，政务审批时限压缩78.5%，服务事项即办率达65%；在全省市县公安机关首次设立"办不成事"反映窗口，专解"疑难杂症"，被评为"全省社会治理十大创新"……

2022年伊始，为全力跑出营商环境建设"加速度"，丹东市公安局积极融入"开放型、创新型、幸福宜居"城市建设大局，以优化政务服务资源配置和缩短群众办事距离作为突破点，以"六点双圈"为支撑，着力提升主城区中心点位综合性政务服务功能，创新打造了中心城区"警务服务驿站"，真正实现了"只进一扇门，办成所有事"。

中心城区警务服务驿站正式启用后，吸引了不少群众目光。初走进警务驿站，一切都显得那么"洋气"，智能化、信息化、便捷化凸显，真正实现了高频业务"一站融合"、群众需求"一网通办"。

警务驿站集户政、交警和出入境三个审批职能于一体，设置服务窗口，做到24小时不打烊，解决了政务服务窗口不在同一区域、服务资源不集中等现实问题，达到了"最多跑一次"的服务标准。警务驿站窗口可以办理交通违法处理、补（换）领机动车行驶证等19项车驾管业务；出入境记录查询、港澳台旅游二次签注等10项出入境业务和核发居民身份证等户政业务，群众办事行程平均缩短53%。警务驿站还为11台自助设备的操作界面加大字号、增设导航式操作提示，专门配备24小时值守的人工导办，设置轮椅、助听器、花镜等老年人辅助器材，通过人工服务窗口与自助服务终端互补互联，为老年人提供便利。"享受"过警务驿站便利服务的群众，不由发出这样的感慨："自从'警务驿站'入驻中心城区，在家门口就能申请业务了，办理户口、证件方便多了，居民生活也更踏实了"；"以前办理业务，又是叫号又是排队，总得费个小半天，现在有了警务驿站，全程不超过10分钟，还真是便利。"

中心服务驿站成立三个月以来，累计办理交驾管业务859件、出入境预约及咨询业务71件、户政业务116件、身份证业务222

件，服务回访满意率100%。

"任重而道远者，不择地而息。"展望未来，丹东公安将持续优化升级中心城区警务服务驿站，全面建强"六点双圈"政务服务矩阵，打造"事好办"警务服务集群，进一步提升营商服务的体验感、获得感、幸福感。

(作者系丹东市政协委员，丹东市公安局党委委员、副局长)

三代人的钢铁梦在这里圆了

赵　鹏

　　我的爷爷、大伯和我都是钢铁工人，可以说我们一家三代人见证了抚顺新钢铁有限责任公司（简称新钢铁）数字化转型振兴的发展史。

　　据爷爷讲，20世纪50年代，为响应国家号召，抚顺创建了新钢铁，我爷爷作为新钢铁最初的建设者、技术骨干，带着一批人来到抚顺望花区支援建设，在一片满是小水潭的低洼地上开始了辛勤的劳动，建起了新钢铁第一个分厂———一炼。从这里奔涌而出的第一炉铁水，恰如开闸的源头，贯通了新中国奔腾不息的钢铁洪流，为

新中国汽车、飞机和基础设施建设提供了重要保障，为全国工业发展做出了重要贡献。

　　20世纪70年代，我的大伯退伍后分配到新钢铁参与第二轮大建项目，建起了二

炼、轧钢等分厂，开启了大转炉和连铸机时代。

当时，他们的奋斗目标是多向国家上缴利税、多出钢、出好钢！支援国家建设是我爷爷和大伯两代钢铁人的夙愿，他们怀揣建设新中国的梦想，以钢铁报国为使命，见证了这座钢铁长城从无到有、由小变大的全过程。

作为一名"80后"的"钢三代"，我从小就听长辈们讲述钢铁的故事。大学毕业后，我选择接过长辈们的旗帜进入新钢铁工作，也成为一名光荣的钢铁人。

新钢铁按照辽宁省"数字辽宁、智造强省"建设总要求，围绕望花区低碳绿色发展规划，以数字化赋能传统产业绿色低碳转型升级，持续向节能减排要效益，与环境实现和谐发展，将传统夕阳产业变成朝阳产业。

今天，当你走进抚顺新钢铁，会发现曾经漫天飞舞的粉尘不见了，黄烟和空气里的异味没有了，震耳欲聋的噪声听不到了，智造中心、新高炉、余热发电和余热供暖设备、经营中心以及员工新生

活区拔地而起。特别是走进智造中心，蓝色灯光映照出满满的科技感，巨幅显示屏显示着企业运行状态，200多名工程师点击鼠标便能操控生产，无不体现出新钢铁从制造到智造的完美蜕变。

智造中心投入运行以来，在数字化集中控制、海量大数据生产的基础上，通过数字化赋能，实现了由经验型管理向数字化、精细化、现代化管理转变，各项生产指标突破历史最高水平。智造中心更是史无前例登上了中央电视台《新闻联播》。

在每个钢铁工人心里都有首歌，因为歌里有他们的故事。一代代钢铁工人怀着建设祖国的深情，用钢铁意志肩负起时代使命，用辛勤汗水谱写人生的钢铁之歌——那是用满腔热血铸成钢铁辉煌的酸甜之歌，是用高炉奔腾的钢涛的恢宏气势发出咆哮的坚持之歌，是用铿锵的步伐编织着中国梦的奋斗之歌！

现在，越来越多的"钢二代""钢三代"也融入新钢铁事业的发展建设中来。他们传承着长辈们钢一般的韧性和意志，在国家现代化工业发展之路上，赓续自强不息的精神，铭记工业报国的初心，砥砺前行。

（作者系抚顺市望花区政协委员，抚顺新钢铁有限责任公司轧钢厂天车工）

"周妈妈" 为孩子们点亮心中明灯

姜红梅

　　在铁岭，有一个特殊的群体，降临到这个大千世界，看不见灿烂阳光，听不到亲人呼唤……这些特别的天使拥有特殊的关爱，西丰县特殊教育学校校长周雪雁就是帮助他们"起飞"的人。

　　1987 年，20 岁出头的周雪雁成为西丰县特殊教育学校的一名普通教师。

　　与聋哑、智障孩子交流，她苦恼过，彷徨过，但却从未产生放

弃的念头。在教学过程中，她根据聋儿的生理特点，想方设法调动学生的感官参与学习。比如，在教"盐、糖、酒"这三个字时，她把提前准备好的实物摆在学生面前，让学生们先观察形态、品尝滋味，再用关联的办法教他们掌握这些字"盐—咸，糖—甜，酒—辣"，最后教发音。教会简简单单的几个字，往往要花费很多力气，这是常人难以想象的。经过潜心琢磨和不断进修，她成功地总结摸索出了一套行之有效的教育教学经验。

2001年，走上校长工作岗位后，周雪雁不但没有脱离教学一线，反而更加关注教学一线，经常带领校领导班子听课、评课和参加教研活动，特别注重对青年教师的"传、帮、带"，积极培养储备青年后备人才。

为了能让残疾儿童入学接受教育，周雪雁从不错过任何一个残疾儿童的入学机会。2001年的一天，她偶遇脑瘫女孩小晨飞，破例把这个生活完全不能自理的孩子带到学校。慢慢地，小晨飞学会了用下巴翻书、打字、记日记。八年后，小晨飞成为铁岭师专的学生，并出版了自己的第一部长篇小说——《不屈的天使》。

多年来，她始终坚持既要教文化，也要教技术。为此，学校组织了多个兴趣小组，开设了实验教育基地，培养出了一批又一批的木匠、裁缝、理发师、面点师等技术人才。学生小凡清木工手艺精湛，毕业后用做木匠活挣的钱在城里买了楼房；学生小立华通晓服装裁剪，毕业后开了一家服装店，生意很是红火。她一直都在为她的学生在学习、工作、生活等方方面面无私奉献，不仅积极努力地为大多数毕业生谋求就业出路，还为适龄的毕业生介绍婚恋朋友。这些似乎已经超越了她的职责范围，可她却像母亲一样乐此不疲。

多少次她既当红娘又当婚礼主持，帮助学生们建立了一个又一个幸福美满的家庭。她是孩子们实至名归的"周妈妈"。

西丰特教的校舍原来只有一排民房和一片沙石操场，条件简陋。周雪雁看在眼里，急在心头。2003 年，经她努力争取，成立了西丰县残疾儿童康复教育中心；2007 年，县政府在拆迁西丰镇解放小区的同时，把原来的特殊教育学校一并拆除重建，一栋崭新的教学楼拔地而起，操场做了硬覆盖，安装了体育器材，解决了取暖问题，增添了先进的语音康复训练设备，建起了康复室、律动室、微机室、图书阅览室、职业技术训练室等，食宿条件也得到了极大改善。

从业以来，周雪雁先后被评为铁岭市优秀教师，获得"五一"劳动奖章、铁岭市优秀青年和铁岭市首届优秀女性等荣誉称号……每每谈到这些，周雪雁总是云淡风轻。她更习惯于每天迎着晨曦走进校园，披着晚霞回到家里，更欣慰于学生们称她一声"周妈妈"！

（作者系铁岭市政协委员，铁岭西丰县政协党组书记、主席）

星星之火　助燃大爱

卫铁智

433 个学生，就像他的 433 个孩子；64 户困难家庭，就像他的 64 户亲眷；9 所乡村小学，更像是他的 9 处家园……

这些数字，是锦州市星星之火爱心协会开展关爱乡村儿童、扶危助困活动受益群体的部分统计。作为协会“领头羊”，王林在十余年间将闪烁民间的爱心汇聚成燎原之火，温暖了他人，感动了你我……

王林是锦州市政府车队的一名司机。2009 年冬天，他在下乡过程中发现了一个鞋露脚趾的小男孩。这一场景深深触动了他。回到家后，他在朋友中发起对小男孩的爱心捐赠，小男孩收到鞋子和学习用品时高兴的表情至今深深印刻在王林的脑海中。从那一刻起，王林暗下决心，他要帮助更多需要帮助的人！

2010 年 1 月，锦州市星星之火爱心协会成立。最初的成员只有王林和他的几个“铁杆”哥们儿，力量十分有限。如何邀请更多的爱心人士加入进来？他化身业务员，在完成本职工作之余，满大街地“化缘”。

面对这样一个“愣头青”，不少人都把他当成骗子，可他从未退缩，而是努力用真心换取信任。慢慢地，越来越多的爱心人士被他的真诚打动，纷纷表示愿意加入他们的团队。

一些孩子因家庭贫困而辍学，或考上大学却为学费发愁。为了帮助孩子们用知识改变自己和家庭的命运，他组织协会成员、志愿者，开展关爱乡村困境儿童活动。

"我们的活动都是点对点、一对一——对收集到的信息逐一核实、实地考察，并进行拍照、记录、存档，确保真实。"

久而久之，他们的行动赢得了更多人的信任和支持，越来越多有意向、有能力的爱心人士找到协会，主动提出要资助学生。

2016 年，星星之火爱心协会开展"圆梦·高考"项目。在王林和会员、志愿者们的不懈努力下，广大爱心人士和企业家慷慨解囊、倾情相助，帮扶 45 名学生圆了大学梦。

除了开展爱心助学，王林还组织志愿者开展志愿服务：学雷锋活动有他们，清理河道垃圾有他们，关爱孤寡老人有他们……每次活动，王林总是主动联系媒体，宣传报道活动情况。有人说他太高调——"你就是想出名！"面对质疑，王林说："我确实想出名，但并不想我个人出名，而是想让协会出名，让志愿服务出名。这样就会有更多的人关注志愿服务，使志愿者队伍不断增添新的力量，唤起全社会关注教育、支持公益的热情！"

获得市"五一"劳动奖章荣誉的王林先后被评为"2015年度锦州好人""辽宁好人·身边好人"，还光荣入选了中央文明办评选的"中国好人榜"。

每个人的奉献只是点点星火，但汇聚在一起就是绚烂的星河。王林和他的团队将携手爱心人士，继续点燃星星之火。

（作者系锦州市政协委员，锦州市政协社会民族宗教法制委员会主任）

让家乡土特产"e路"畅销

刘玉娟

　　故事的主人公是一位"另类"的大学生。自中国医科大学毕业后，她从省会沈阳回到家乡凌源创业。10 年间，她从遭受质疑到拥有一家涉及信息化平台销售及咨询服务、创业孵化、电商培训等领域的互联网企业。回顾创业历程，她说，这一切源于她心中拥有一个永不褪色的梦想。

　　一个小姑娘创立的公司能发展起来吗？在一片质疑声中，王丹没有动摇，一边规划管理，一边联系业务。经过一年的发展，工作室创办的易团凌源网粉丝已达 15 万人，合作商家 1000 家以上，承办了凌源市系列大型活动。

　　凌源是农业大县，王丹深刻感受到了传统型农业和农民面临的窘境：农民辛辛苦苦种植的农产品，往往没有销售渠道，卖不上好价钱。王丹凭借敏锐的商业嗅觉及时转变创业模式，将电子商务和农产品有效结合，不仅适应市场化发展，还帮助农民切实提高收益。经过不懈努力，她的公司承办了第二届、第四届中国电商讲师大赛东北分赛区赛事，多次参与微博组织的直播带货活动，每场活动在线粉丝都超过 20 万人，并在凌源市委宣传部组织的 3 场爱心助农直播活动中累计在线粉丝超过 100 万人，在朝阳县六家子镇建立电商

直播间，组织电商培训人数超 2000 人次，培养电商主播超 50 人，将六家子特产粉条销售到了全国。

在王丹的带领下，公司业务领域逐渐扩大，包括乡村振兴系列服务、创业创新孵化基地运营、电子商务及相关技能应用、国家电子商务进农村综合示范项目、SIYB 创业培训和 KAB 大学生创业培训、互联网+技术服务等。公司承接的国家电子商务进农村综合示范项目的培训工作和电商产业园运营超过 10 个县，业务范围扩大到河北省、陕西省……目前，她的团队成员中，有 11 位获得了国家专业技术人员继续教育基地颁发的特邀讲师证书。他们将丰富的农村电商、乡村振兴、电商实操技能经验传递至陕西、河北、内蒙古等地。

天道酬勤，王丹先后被评为辽宁省农村电商专家、朝阳市三八红旗手，获得了中国电商讲师大赛全国总决赛二等奖。如今，她正带着对家乡的赤子之心，苦干、实干、加油干、拼命干，带着对家乡、对电商的热爱，在乡村振兴发展的道路上大步向前……

（作者系朝阳市凌源市政协委员，凌源市政协党组副书记、副主席）

家校社协同育人

赵　喆

2021 年 10 月 23 日，十三届全国人大常委会第三十一次会议通过了《中华人民共和国家庭教育促进法》。这部新法将家庭教育由传统的"家事"上升为新时代的重要"国事"。

家庭教育的重要性不言而喻，然而在实施的过程中却存在着接受教育渠道不畅、学习时间匮乏、课程资源不足等诸多问题。

在"双减"的背景下，鞍山市教育局以破解家庭教育难点为导向，创办了"空中家长课堂"和"社区公益教育"两个公益项目，鞍山教育微信公众号"空中家长课堂"和"社区公益教育"两个板块的点击量突破 1000 万，得到社会各界、学生及家长的高度关注和一致好评，创造了以"双擎"驱动家校协同育人的新模式。这一创新举措被辽宁省教育厅作为家校社协同共育典型案例在全省推广并获央媒报道。该项目通过整合优秀教育资源，利用移动互联网技术，通过鞍山教育微信公众号持续推送家庭教育和社区公益教育音视频资源，不受时空限制，实时开展家庭教育服务，对解决学生家庭学习负担过重，解决家长急于"抢跑"、盲目跟风攀比、怕孩子"输在起跑线上"等教育"内卷"问题发挥了积极作用。

"空中家长课堂"和"社区公益教育"是由市教育局牵头，教

师进修学院、教育
发展中心等多部门
联动，市（县）区
校密切配合、协同
运作的一个家庭教
育和公益教育项

目。在设计与研发中始终坚持顶层设计和问题导向相结合，坚持把
脉问诊和有的放矢相结合，坚持专家支撑和名师引领相结合，坚持
精心设计和关注反馈相结合，引领家长树立正确教育观，为孩子健
康成长创设良好的家庭氛围。

"空中家长课堂"的实施对象为四个阶段的家长，分别是 3~6
岁学前幼儿家长、7~13 岁小学生家长、13~15 岁初中学生家长、
16~18 岁高中学生家长，内容涵盖了幼儿养育、品德培养、身心健
康、安全教育、性与青春期教育、学习指导、考试减压、家庭沟通、
父母成长等多个方面，重点解决家庭教育中普遍存在的问题。

"社区公益教育"重点解决经济困难家庭、留守儿童家庭、下岗
职工家庭中的学生学习成绩提升难问题，其授课内容主要是回答解
题思路、学习方法、思维模式、备考技巧等学习困难学生普遍存在
的共性问题，并根据各个学段的不同特点和诉求提供幼小衔接、知
识梳理、兴趣激发、系统复习、学法提升、初高过渡、生涯规划、
分层走班等定制化课程，以满足不同年龄、不同学段学生的个性化
需求，提高学习效率。

在教育行政部门领导下，各县区参与，广泛吸纳社会各界代表，
成立了三个团队：一是家庭教育专家团队，由心理学专业人员、家
庭教育专业人员、部分优秀校长、公益教育志愿者教师组成，研制
开发家庭教育和社区公益课程；二是课程制作团队，由宣传及技术

部门组成，录制家庭教育空中课堂和社区公益课的音视频，制成可以推送的互联网资源包；三是推广推送团队，由各级教育行政部门、各中小学校负责人组成，负责定期将课程推送给每个家长自愿收听收看。

"空中家长课堂"和"社区公益教育"项目深化了家校社协同育人，持续向"教育成长一对父母、受益一个家庭、影响整个社会"的社会效益目标迈进。目前，"空中家长课堂"和"社区公益教育"已经成为鞍山市教育工作的一个品牌项目，得到社会及广大家长的认可。鞍山教育人通过提供让家长切实受益的家庭教育资源，为学生和家长搭建了学习提高的平台，带动更多家庭的父母亲同时参与学习，共同成长，实现了家校社共育的良性循环，创建了良好的教育生态系统，创造了家校社协同育人的新模式。

（作者系鞍山市政协委员，鞍山市第六中学副校长）

弹丸之地　万鸟集结

李大永

　　沙滩上，刚孵化出来的小海鸥惬意地晒着太阳；悬崖峭壁，一排排黑黝黝的海鸬鹚站岗放哨；海面上空，是"一行白鹭上青天"的诗意画卷……

　　位于大连城山头海滨地貌国家级自然保护区内的"蛋坨子"，地处东北亚候鸟迁徙的大通道，是国家重点保护鸟类黄嘴白鹭、海鸬鹚和游隼等珍稀鸟类的重要繁殖地。每年4—5月份，夏候鸟繁殖的季节，草丛中、岩缝间鸟蛋随处可见，老百姓给起了一个特别形象的名字——蛋坨子。在这方"弹丸之地"，每年有上万只鸟在此迁徙和繁殖。

　　跟随保护区管理人员登上鸟岛，山路陡峭，一路小心脚下两侧的鸟蛋和小鸟。沿坡至半山处一段平缓区，不时会发现两侧路边的

草丛内有很多鸟窝，鸟窝里或是三三两两的鸟蛋，或是几只刚孵出的小鸟。拨开草丛，一只黑尾鸥就蹲在小鸟旁边，一动不

动。"大的黑尾鸥是鸟妈妈。"管理人员说，"见到有人来，鸟妈妈都会守候着小鸟，以防受到伤害。"

每年的4月中旬，鸟类就会陆续上岛，筑巢、求偶、产卵、孵化，教幼鸟游泳、捕食、飞翔。4—6月，鸟类最集中，大约有5万~10万只候鸟迁徙到这里。7月，孵化出来的小鸟基本学会飞翔了。到了8月中上旬左右，这些小鸟就会跟着大鸟陆续飞离。

眼下，正是幼鸟们学习本领、积蓄体能的时节。天空中，黄嘴白鹭正在教育幼鸟如何飞翔，如何借助风势借力而行；悬崖峭壁上，一列列黑黝黝的海鸬鹚，像持枪警戒的哨兵一样，整齐地排兵布阵，随时关注着海面，守护着它们赖以繁衍生息的家园；沙滩上，成千上万新孵化出来的小海鸥，有着毛茸茸的羽毛，呆萌地望着上空，爸爸和妈妈正言传身教如何飞翔、游泳和捕食。

2014年至2019年间的春季干旱少雨，加上黑尾鸥扒土踩踏，蛋坨子岛上本就稀少的灌木死亡殆尽，而黄嘴白鹭必须筑巢在灌木丛中，对筑巢环境要求严格。黄嘴白鹭一度因缺少营巢所用的巢材，很少光顾这里。为逐步恢复鸟类繁殖环境，保护区采取自然恢复为主、人工修复为辅的方式，参考原生植被情况，反复调研周边海岛生态环境，选择了适合恢复蛋坨子灌木植被的树种。花曲柳、小叶朴、小叶鼠李、腺毛茶藨子……管理人员对每一棵灌木都如数家珍。

蛋坨子山滑路陡，保护区职工甚至肩扛手抬向岛上运送淡水，进行浇灌，并通过采集种子播撒的方式缓慢恢复原生植被状况。生态修复初见成效，黄嘴白鹭的生存环境逐步加速向正向演替，黄嘴白鹭又看见了适合它们营巢繁育的家园。在2022年的观测中，保护区明显发现黄嘴白鹭数量增多，甚至在一个监控镜头内同时出现了8只黄嘴白鹭。海鸬鹚也由观测工作刚开始时的一二百只，增加到现在的六七百只。

在攀登蛋坨子时，同行的管理人员见到幼鸟，就会俯下身子，用布袋将其套上。先是用弹簧秤称重，再用一个铝环套在幼鸟的腿上，然后用钳子将其夹紧，这是在为这些候鸟做环志。环志是"鸟儿身份证"，可以掌握候鸟的分布和迁徙路线，对候鸟研究非常有价值。在此做环志的候鸟，若在其他地区出现，通过网站可以了解到该候鸟行经蛋坨子；同时，其他地区环志的候鸟，经过网上查询，也可掌握这只候鸟从何而来。

自 2011 年保护区开始参与鸟类环志工作以来，共计环志鸟类785 只，包括黑尾鸥、黄嘴白鹭、小白鹭，并不断回收鸟类环志信息，收到新加坡和中国台湾地区返回的照片，进一步验证黄嘴白鹭迁徙路径。

对候鸟的保护工作，创新与坚守同在。2018 年以来，保护区将科技手段融入传统的管理工作，积极争取国家支持，参与到黄渤海湿地水鸟同步监测项目，利用现代化科技手段和大数据采集，经过四年的数据积累，不断摸清周边水鸟的迁徙习性，为我国研究湿地生态环境及水鸟迁徙规律提供数据支撑。同时，利用自然资源"调查云"在保护区开展日常巡护，发现异常或遇到突发情况，可自动记录采集地点、时间、人员等相关信息并上传云盘，随时在云平台上交流分享工作成果，共同守护这片鸟类生存栖息的乐园。

（作者系大连市政协委员，大连市自然资源局副局长）

我为"商量"打前站

赵明辉

2022年，辽宁省市县三级政协成功开展"辽事好商量，聊事为人民"协商议事活动。根据铁岭市政协的工作安排，县（市）区政协联络指导委员会对应4个实践站，铁岭县平顶堡建设村是其中之一。

铁岭县平顶堡作为"全国文明村镇"，既有辽北之雄阔，又有江南之蕴秀。我震撼于建设村的生态之美、乡风之美，更震撼于基层组织战斗力之强，提笔写下了这篇始于"商量"的故事。

生 态 美

一下车，映入眼帘的就是环境美。一横一纵的"村部"宛如两条长廊，干净整洁又别具韵味。春末，漂在水面的浮萍为池子穿上了绿衣衫。"天气好的时候，大小鱼儿浮出水面，欢蹦跳跃、自由自在。这里的荷塘莲子不采、荷花不摘，任由生长，盛夏满满一池子的荷叶绿、粉色蕊。"村书记王伟的自豪之情溢于言表。盛夏的村庄凉风习习，村民在家门口就能尽赏"鱼戏莲叶"之美，是何等的惬意！

"我们的目标是打造'春有花，秋有果，山上有红叶'的美丽乡村。"王伟说，"基础设施完善后，村里又栽植果树、种植花草。

57

目前，村部取暖全部采用压缩秸秆燃料，彻底实现了村屯美化、绿化和净化。"

乡 风 美

1962 年，敬爱的周恩来总理来到阔别 52 年的铁岭，到地运所村（现建设村）看望乡亲。虽然总理停留的时间短暂，但他的精神深深地影响了这里的人们。

精神沃土厚植，乡风代代传承！在与村书记的接触中，我听得最多的就是"老书记影响了我"。就连"池塘和鱼塘很美，是请人规划设计的吗"这个随口提出的问题，得到的答案也是"老书记很节俭，都是他带领我们一点儿一点儿建，自己设计的"。

村委会内的村史馆里，照片、文字以及老物件记录着全村发展的历史，激发了村民热爱家乡、建设家乡的热情。村子近百米长的墙上，绘制了90 余种"中国精神"，"雷锋精神""抗疫精神""航天精神"……对村民的思想观念有着潜移默化的影响。修建的"家文化"主题广场，利用宣传栏介绍传统节日的内涵、民俗和礼仪；开展的"晒家谱""家风家训我来写"等各类文化文艺活动，用传统文化引导人、教育人、凝聚人……环境美，乡风淳，村民的幸福指数越来越高了！

情 怀 美

为建设美丽乡村，村干部不分节假日、不计报酬地带领群众持续完善基础设施，修整梅林河道、道路，建设仿古墙，安装路灯，免费为 42 户村民安装大门，人居环境得到彻底改善；带头发展养殖业、种植高品质水稻、推广庭院经济，经过不懈努力，村集体经济收入突破了 50 万元。"一茬一茬的村支书都很会过日子，'一分钱掰成两半花'，这才有今天的好日子。"村民言语间充满感激。

对如何发展村集体经济，王伟说起来滔滔不绝："一个是用好现有的土地资源，村集体土地向外承包，每年都有固定的收入；一个是放眼长远，村里招商引资不是简单地收取征地补偿款，而是以土地为资本入股企业，这样每年都有固定收益，比得到一次性的补偿款好得多……"

村基层组织战斗力强，一群有情怀、有担当的党员干部带领村民致力于乡村发展。我想，这就是建设村能建设得如此之好的原因吧！

简单的一次"协商议事"对接，让我体会到"辽事好商量，聊事为人民"协商故事活动的初衷所在、意义所在，让我深切感受到，无论是哪一级政协委员，只要贴近基层、贴近企业、贴近群众，都

能找到履职服务的方向。这个前站，打出了信心——随着乡村振兴战略的深入，黑土地上将涌现出越来越多的"建设村"，呈现产业欣欣向荣、乡村美美与共、生活蒸蒸日上、治理井井有条的新风貌！随着活动的不断深入，政协委员们必将会碰撞出更多的思想火花，形成更多的金点子，在助推辽宁振兴发展的实践中发挥更加积极的作用！

[作者系铁岭市政协委员，铁岭市政协县（市）区政协联络指导委员会副主任]

良田为纸，产业为笔，绘就大地版画

孙柏野

"都说是东跑西颠，不如咱辽阳东山；可我走南闯北，不如咱老家甜水……"

这是歌曲《老家甜水》对辽阳县甜水满族乡的赞美。

甜水满族乡地处辽阳第一高峰大黑山脚下，这里北依辽阳，东临本溪，峰峦叠翠，风景独秀。这里有辽金时期的塔湾塔，有汤河的源头响水泉。

2021 年，辽阳县甜水满族乡按照县政府建设高标准农田建设规划，在 11 个村建设高标准农田 4 万亩，仅庙沟村就落实了 5000 亩。田成方、渠成行、林成趟，整个庙沟村变成了黑土地的版画。庙沟村的家家户户，心里都是美美的、甜甜的……

为推动高标准农田建设项目的实施，县政协多次组织经济委同县农业农村局的项目建设负责人深入甜水满族乡调研，促进高标准农田改造项目落地。在充分听取村民意见的基础上，甜水满族乡把生产规划与村庄规划建设相结合，把项目建设与生态环境整治、美丽乡村建设相结合，把党和国家扶持"三农"的好政策原原本本地交到农民手里。

庙沟村的高标准农田建设项目从 2021 年 10 月开始动工，在山坡农田上修了两条4167米水泥作业路，1590米砂石路，垒挡土墙3766米，修桥涵11座、漫水桥13 处，清理排水沟660米，修水泥桥4座。到2022年5月，三个标段的高标准农田建设工程全部竣工。

在高标准农田没建之前，庙沟村的农田路坑坑洼洼。每年秋收，村里都得垫付一些资金，雇抓钩机为百姓修农田作业路。高标准农田建成后，有水泥路，有护坡墙，有桥涵，有水泥桥。

67岁的村民姜升明老人家门前有一个涵洞。往年秋天，雨水一大涵洞就堵住了，严重影响了收成。2022年，村里实施高标准农田建设，在他家门前修了一座水泥桥。姜升明高兴得不得了："政府在我家门口修了这么大的一座桥，这回涨多大水都不怕了。我感谢政府，感谢党！"

村民高杰说："现在路好走了，老百姓下地干活也方便了——水泥路都修到山顶了，什么车都能上去！"

看到庙沟村的变化，甜水满族乡副乡长很是喜悦："甜水满族乡通过开展高标准农田建设，使党的惠农好政策一步到位，大大提升了政府的公信力；保证了粮食生产的安全，农民再也不怕洪水冲毁地头了；庙沟村作业路修成之后，增加耕地面积100多亩，可以达到增产增收；庙沟村农田作业路修好后，环境整治也随之跟上，山、水、田、林、路综合治理，让甜水满族乡山是山，水是水……"

5月20日，辽阳县政协经济委再次来到甜水满族乡庙沟村——眼前的村庄就像一幅油画，村民们的一张张笑脸就像镶嵌在画卷里的一个个甜美的酒窝，给甜水满族乡增添了一抹绚丽的色彩。

听不够塔湾塔上的风铃响，

享不尽鸡爪山上的金风吹，

看不完摩天岭上当年的木兰秀，

尝不尽冷水塘里的虹鳟肥……

（作者系辽阳市政协委员，辽阳县政协党组书记、主席）

七彩柞蚕谷　抚顺峡河乡

关英顺

抚顺市抚顺县峡河乡是全国极少数拥有彩色柞蚕资源的地区之一。作为辽宁省柞蚕养殖的重要生产基地，峡河乡柞蚕养殖的历史可以追溯到一百多年前。

眼望村82岁蚕农杨景清介绍：在清朝时期，眼望村杨氏家族成立了"杨丝房子"缫丝厂。鼎盛时期，"杨丝房子"缫丝厂在大连、烟台、天津均设有专门的销售网点，通过水运将缫丝产品销售到全国，乃至出口。厂子经营了100多年，在日本侵略东北时被迫停产。20世纪60年代初，在峡河公社（现在的乡政府院内）成立了峡河丝绸厂，陆续恢复了缫丝生产。

柞蚕，又名"野蚕"，是北方特有的蚕种，因喜食柞树叶而得名。别看柞蚕个子不大，对生长环境要求却极高，有"洁癖"，在放养过程中不能施洒任何农药，不能有任何污染。柞蚕的这一特性恰好成为当地生态环境建设的"试金石"。

峡河乡地处浅山丘陵地带，地势平缓，气候温和，雨量均衡，每年无霜期高达150天。这样得天独厚的条件非常适合发展柞蚕业。

2012年以来，峡河乡正式将柞蚕产业作为强乡富民的主导产业，采取全域封山禁牧和无偿为百姓提供树苗的方式，大力推进青山工程，累计投入资金近2000万元，退耕还林0.5万亩，封山育林10万株，为全乡柞蚕养殖奠定了基础。

70岁的退伍老兵史学金从事柞蚕养殖已经30年了。他深耕山林，精伺柞蚕，将一个个软乎乎的蚕宝宝变成一筐筐"金弹子"，走上了"靠山吃山，养蚕致富"的增收路。抚顺县良好的生态环境让他的钱包鼓了，腰杆硬了，底气足了，也让越来越多的农民尝到了甜头，一场靠生态致富、靠产业引路的实践在抚顺县大地上如火如荼地展开。

随着经验积累和新技术的研发推广，以及"纯生态、真有机"品牌的持续打造，现在峡河乡的柞蚕养殖不仅具备1200余吨的柞蚕年产量，同时也拥有小白蚕、水青、胶蓝、鲁洪、小杏黄等不同颜色的珍稀柞蚕品种，在辽宁省乃至全国都有一定影响力。

据了解，峡河乡境内共有600余户、1300余人熟练掌握养蚕技术，他们充分利用抚南一带柞树资源，将县域内救兵镇、海浪乡、石文镇的柞蚕资源进行整合，以峡河乡为统一加工和销售中心向周边辐射，形成了区域性特色产业，带动一方经济发展。从事柞蚕贸易的经济人与哈尔滨、丹东、营口、盖州等地区建立畅通的贸易信息往来渠道，每年仅柞蚕茧的贸易量就可达2000吨。

走进峡河乡柞蚕谷和柞蚕放养园，就可以感受到浓郁的柞蚕文化气息。一条独具特色的文化景观路，沿路临街的建筑、绿化、广告宣传牌等全部与柞蚕及其产品关联。乡里还研究开发柞蚕生态宴，让游客全方位体验柞蚕产品带来的享受。

2020 年，"抚顺柞蚕"获得国家地理标志商标。这是抚顺县峡河乡多年发展柞蚕养殖获得的又一殊荣。现在的峡河乡，柞蚕产业全方位发展，让游客"来了有看头，坐下有吃头，走时有拿头，回去有想头"，破茧成蝶圆了致富梦！

（作者系抚顺市抚顺县政协委员，峡河乡党委副书记）

小红果的大产业

杨丽杰

在丹东流行着这样一句话——全国草莓看丹东，丹东草莓看东港。东港市地处中朝边境鸭绿江出海口，沿江沿海的湿润气候为草莓生长提供了优质和独特的环境，被誉为"中国草莓第一县"。

东港的"草莓名片"上写满了头衔：我国最大的草莓生产和出口基地、农业部命名的"无公害农产品生产基地"、辽宁省政府首批命名的"一县一业"（草莓）示范县、辽宁省草莓产业知名品牌示范区……2004年，"东港草莓"被国家工商总局核准注册为国家地理标志产品；2010年，被社科院等部门评定为"辽宁省十佳农业品牌"；2012年，东港市被国家质量检验检疫总局命名为出口草莓质量安全示范区。作为连续多年被评估为全国最具影响力和最受消费者欢迎的农产品区域公用品牌，东港草莓多次在世界草莓大会及中国草莓文化节上绽放光彩，先后获得金奖100余枚、银奖150余枚，品牌价值达77.5亿元！

集草莓新品种培育、技术研发、推广培训与服务指导为一体的辽宁草莓科学技术研究院，是全国最大的草莓专业研发机构。同时，东港市与国外多位草莓专家及国内多家大专院校保持技术合作，推进科技成果转化，使东港成为全国草莓产、学、研成果推广中心。

近年来，东港制定了草莓产业发展规划，从草莓产业体系建设、工程建设、项目建设等方面进行谋划，助力草莓产业发展。同时，充分调动农民从事草莓生产积极性，设施建设规模逐步由零星分散向集中连片发展，种植结构向专业化、特色化、集约化转变。

目前，东港市现有草莓专业合作社 326 家、家庭农场 49 家，农户参加农民专业合作组织比重达 85%以上，草莓生产全部实行统一种苗、统一技术、统一监测、统一包装、统一销售策略，基本构建起"企业+农户+基地""专业合作组织+农户"的生产模式；有草莓深加工企业 42 家，通过 HACCP 认证企业 4 家，亿元规模以上企业 4 家，形成以广天食品、菀丰食品为主的加工产业集群，精深加工产品 16 个系列、30 多个品种——草莓罐头、草莓酒、草莓酱、草莓雪糕、草莓铜锣烧、草莓饮料及冻品颗粒等深加工产品产量近 4 万吨，出口额占全国 90%以上，出口创汇 3500 万美元。

集约化、组织化、专业化产业链条布局的形成，促进了产业集聚效应的实现。作为目前国内最大的综合电商产业基地，东港市电子商务产业园依托淘宝、京东等电子商务平台，使东港草莓畅销全国各地——目前，草莓的电商销售占总量的 60%以上。冷链运输基地、草莓采摘、休闲农业观光旅游也带动了草莓产业的健康发展和农民的增产增收。

2022 年 1 月，由丹东市政府统一组织协调，市交通运输局牵头，市邮政管理局、丹东浪头机场有限公司、丹东邮政公司通力配合，新开通的"南京—丹东—南京"货运包机直航业务，让带着果香与露水的草莓打着"飞的"出现在全国各地的餐桌上。

果肉细腻，酸甜可口，果汁浓郁，咬上一口，幸福感飙升！品尝鲜果的美味，体验采摘的乐趣，这日子里最亮眼的"红"，可千万别错过！

（作者系丹东市政协委员，丹东市政协党组副书记、副主席）

愿做"蜂农贴心人"

敖凤玲

辽宁省畜牧业发展中心副主任张大利，被蜂农亲切地称为"张老师"。用蜂农孙宏民的话说："张老师是我们蜂农最贴心的朋友，没有他就没有我们养蜂人的今天。"

1991年，畜牧兽医专业毕业生张大利被分配到省蜜蜂原种场，从事着和专业不搭边的工作。但是靠30年的坚守，他成为全国知名的蜂学专家，成为蜂农心中的贴心人。

一分耕耘，一分收获。他先后获得省部级科技进步奖5项和2019年全国农牧渔业丰收奖（农业技术推广贡献奖）。2021年，他又被中宣部评为全国文化科技卫生"三下乡"活动标兵。

初到蜂场

看到漫天飞舞的蜜蜂，张大利也害怕被蜇到。但是，为了承担起蜜蜂保种、育种工作职责，他开始深入接触蜜蜂：到育种基地和养蜂员同吃同住，边学习边实践。开始被蜜蜂蜇时，他的眼皮、嘴唇都是肿胀的。随着蜂蜇次数的增加，蜇刺反应逐渐减轻，到最后竟没有了反应……通过不断的学习实践，他逐渐掌握了蜜蜂的饲养技术，并且从实际出发大胆创新，改良蜂机具，改进保种育种方法。在他的不懈努力下，蜂种推广数量迅速增加，从最开始每年销售蜂种83只，短短三年就实现销售蜂种1000余只。

醉心科研

2008年，辽宁发生中蜂囊状幼虫病，成箱的蜜蜂飞逃、死亡——蜂农那欲哭无泪的表情，深深刺痛了张大利的心。他决心要攻破中华蜜蜂囊状幼虫病这个难关。自2010年起，他一边坚持正常管理工作，一边深入蜂场埋头搞研究，自己出钱采购中药、西药，反复不断地开展试验，同时与相关专家共同研究探讨、联合攻关，最终发明了中蜂卵黄抗体，破解了一直困扰我国中蜂产业发展的难题，结束了中蜂囊状幼虫病无药可治的历史，也挽救了百万群中华蜜蜂。

在实践中，张大利发现蜂农的养蜂工具存在缺陷，便刻苦钻研，先后研究发明了"仿生蜂箱""移脾器""早春蜜蜂授粉专用蜂箱""长城墙式蜂巢""收蜂器"等实用工具，极大提高了养蜂生产效

率。为了把技术和经验传授给蜂农，他利用休息时间编写了《西蜂饲养技术手册》《中华蜜蜂饲养技术百问百答》《中蜂饲养技术手册》等实用书籍，受到广大蜂农一致好评。

热衷公益

张大利被聘为"12316"全国农业公益服务热线蜜蜂产业义务咨询专家，免费为蜂农解决生产中遇到的问题；应邀在《中国蜂业》杂志开设"养蜂技术问答"专栏，回答全国各地蜂农提出的问题；在"快手"平台，发布视频解答蜂农关心的各种问题。在利用新媒体对蜂农进行直播答疑的同时，他还时常到现场指导推广养蜂技术。

在养蜂行业，蜜蜂医生少之又少。一旦出现蜂病，蜂农往往束手无策。张大利倾尽自己多年所学开展蜂病防治服务：在微信平台建立"张老师养蜂技术交流群"，通过视频连线为蜂农远程诊断蜜蜂疾病，减少蜂农损失近百万元。他还与中国农科院蜜蜂研究所沟通协调，为蜂农免费进行实验室蜂病检测。遇有蜂农在放蜂中出现场地纠纷等问题，他也帮助协调解决……

全心全意为蜂农服务的张大利，拒绝各类"酬谢"，唯愿接受"蜂农贴心人"这个头衔。

（作者系辽宁省政协委员，辽宁省农业农村厅一级巡视员）

17个老师和17个"海山娃"

陶　治　金　鑫　陈晶涛

随着觉华岛居民的不断外迁，岛上九年一贯制学校的学生也从曾经的五六百个变成了如今的17个——他们在这里学知识、学做人，体悟何为真、善、美；17位教师以寂寞的坚守，让琅琅读书声成为岛上最欢快的音符。

传　承

学校资历最老的教师在岛上守了42年，前不久刚退休。很多年长的老师已在岛上教了几十年书。"我都差点儿教过刘校长。"老教师杨军笑着说，"但咱们王波老师的父亲教过他。""对，我爸是刘校长的老师，也是我的老师，刘校长是我儿子的老师。"王波接过话茬儿。一番了解才知道，学校里的老教师之间都有着密切的传承关系。

早期的校舍，只有一个大院、两排小土房。岛上下大雨，教室就下小雨。谈起学校的历史，虽然苦，但也骄傲。"那时候条件差，但学生多，好苗子不少。""有的学生后来攻读博士，还有出国留学的。"老师们你一言我一语，介绍着曾经的荣光。

而今，老校址已被荒草覆盖。"原来虽是平房，但操场上满是学生，现在这么好的教学楼……"副校长李亚南沉默良久。当被问及为何选择到觉华岛任教时，她笑着说："我就是这个学校几位老教师教出来的学生。"

坚　守

海浪轻抚礁石，阳光宛如剔透的碎钻洒在海面上，偶有洁白的海鸟掠过，传来两声欢快的鸣啼。入了冬，岛上气温骤降，靠电取暖的住校老师最怕停电——这时，校长就把老师们安顿到自己家中。年轻教师也像孩子一样盼着周末回家，吃上父母做的可口饭菜。实在回不去家，她们会翻出健美操视频，在小小的宿舍里健身。

自娱自乐的欢笑压过了无聊烦闷，但也有忧愁。陈美辰休完产假恰好临近开学，那时孩子还没断奶。看着不停哭闹的孩子，她心疼了，也想过离开。"老师，您啥时候回来啊？"学生发来的信息令她又一次心疼，她教的第一批学生也如此需要她！当矛盾与纠结、离开与留下反复拉锯，在外驻守的爱人发来短信鼓励她。她狠下心硬给孩子断了奶："爱人比我艰苦，但一直坚守岗位。我更应该在岛上坚守，教好学生！"

陪　　伴

海岛的 17 个老师都是多面手，学数学的可能还要教物理，学中文的也能教生物。虽然一师多教，但教学质量和其他学校比，一点儿也不差。

学生一入学，老师便严格规范他们的坐姿、握笔姿势，帮助孩子们养成良好习惯，教导他们尊敬老师、孝敬父母、团结同学。下课铃响，孩子们就会将下节课的书本整齐地摆放在桌面。即便是一年级的"小不点儿"，做起事来也井井有条。每到课间，高年级的孩子总是带着低年级的弟弟妹妹们一起玩，操场上欢声笑语，温馨而

和谐。

希　望

跟随爷爷奶奶生活的留守儿童祖芷涵到了适学年龄，学校特意为她开设了一年级。"要好好学习考大学，去岛外见大世面，不然一辈子在岛里就出不去了。"每当清晨的阳光洒在上学路上，小姑娘的爷爷奶奶都会不厌其烦地叮嘱。夕阳西下，"今天好好学习了吗?"又是带着期盼的问询。一声"我好好学习了"，格外响亮。温暖的阳光映在小姑娘脸上，无邪的笑脸摇曳成一朵橘色的花。

其他孩子也都是因为各种特殊情况留在岛上念书。"走出海岛"便每天都挂在老师们的嘴边，即便只剩几个学生，他们依旧希望孩子们能去到更好的环境。"我是妈妈，我知道一个孩子可能承载了几代人的希望，所以我们不仅传授知识，也帮助他们树立正确的人生观。"

夜幕降临，矗立在码头的红白色信号灯塔亮了起来，仿若提灯的巨人，遥望着陆地上璀璨的灯火，照亮着海上渔船前行的航向。

（陶治系葫芦岛市政协委员，《葫芦岛日报》总编辑；金鑫系葫芦岛市政协委员，《葫芦岛日报》记者；陈晶涛系葫芦岛市政协委员，《葫芦岛日报》记者）

群众盼的"连心路"通了

付俊伟

2021年"十一"假期，我驾车载着妻儿回到老家庄河市蓉花山镇源发村，帮父母秋收。

驶进宽阔平坦的通屯油路，走上傲然挺立的跨河大桥，沿途看到各式车辆进出繁忙，鸣笛声、招呼声、欢笑声交汇成丰收的喜乐。

美好的景象将我的思绪拉回往昔——我老家所在的姜屯，与常屯、小于屯相邻，三个自然屯共有130户家庭、450多口人，共走一条土路，共经一条河道。从我记事起，常常晴天一身土、雨天两脚泥，老百姓办事出行难，孩子上学难，物产售卖难，婚丧嫁娶难……每年汛期河道冲毁，更是无法通行。一条路，难住了几辈父老乡亲。

要想富，先修路。2014年，大连市全面实施"屯屯通油路"工程，深入推进"四好农村路"建设。

道路未开，"心路"先通。消息传到老家，乡亲们欢呼支持，沿路村民积极配合清障工作，纷纷挪草垛、拆院墙、让耕地、剪树枝，为修路施工打下良好的群众基础。

历时两个月，源发村"屯屯通油路"工程铺成一条长2.2公里、宽5米的沥青油路，建成一座长105米的新式跨河大桥。我爷爷和

屯里的老人，每天都要到新修的油路上走一走，不住地感慨："没想到，这辈子在屯子里还能走上脚不沾泥的柏油路！"

2019 年底，大连市提前一年实现"屯屯通油路"的目标，累计新建农村公路 4000 多公里，全市农村公路里程已达 11600 公里，在全省率先实现所有自然屯通油路。庄河市荣获"全国四好农村路示范县"称号。

路通畅，产业旺。"屯屯通油路"工程的实施，有效带动了当地经济发展，因路脱贫、因路致富的事例年年涌现。源发村某屯年产苹果 30 万斤，农村公路修通后，吉林等地的客户直接把大货车开到屯里，不到 10 天全部卖完，帮助农民增收 15 万元。大连通过开展美丽公路建设，打造出一条条"畅安舒美"的农村公路风景线，助力形成一批宜居、宜业、宜游的特色小镇和美丽乡村。

"屯屯通油路"工程的实施，打通了农村公路的"最后一公里"，实现了"进村入户到家门"。老百姓不花一分钱，就能实现祖祖辈辈的"畅通梦"，真正享受到政府惠民的好政策。

屯屯通油路，是一条致富路，也是一条幸福路，更是一条连通党心和民心的圆梦之路！

（作者系大连庄河市政协委员，庄河市慈善总会常务副会长兼秘书长）

钢城巾帼勇担当　铸就海上强国梦

刘红梅

鞍山是新中国钢铁工业的摇篮，更是一座英模辈出的城市。故事的主人公是荣获冶金科技进步一等奖、第十届世界发明展览会金奖等奖项和"全国五一巾帼奖章""辽宁省三八红旗手"等称号的鞍钢集团钢铁研究院教授级高级工程师——严玲。

在严玲儿时，父母就常常向她讲述鞍钢的历史和孟泰精神。她深受家庭教育影响，毕业后毅然选择深入生产一线，从鞍钢一名轧钢车间的技术员做起。无论春夏秋冬，她每天都穿着厚重的工作服、大头鞋，在轧钢线上与三班倒的工人师傅们朝夕相处。

严玲的工作是与造船这个以"苦、脏、累"闻名的行业打交道。在开发耐蚀钢时，由于产品被国外垄断封锁，没有任何资料和经验可以借鉴。她和团队完全依靠自主研发，从实验室、现场再到检验室三点一线埋头攻关，历经了10余个轮次、近2000吨的工业化试验，完成上千件试验样品的检验、分析、评价，终于研发成功，填补了国内空白。

在耐蚀钢服役勘验时，她多次只身前往南方偏远的修船小岛，顺着不足一尺宽的竖梯上上下下，到甲板以下20多米深的油舱中逐一测量、取样、分析。恐高和刺鼻的油气味道让她脚下发麻，胸口阵阵翻腾，双腿常常累得发抖……但所有的劳累都在获取我国实船用耐蚀钢第一手资料、看到可喜分析结果的那一刻化作了欣慰。

2013年，我国最大的海工企业中集来福士在设计"蓝鲸一号"平台时，准备在最关键的部位选用F级超高强钢，这种设计在国际上还是头一次。当时，中集公司面临着国外的垄断和技术封锁，心急如焚的他们找到了鞍钢，不服输的严玲承担了这个项目的研发重任。由于技术指标严苛、工艺窗口窄、生产难度极大，凭着要为国家争口气的决心，严玲和她的团队历经多次失败后终于实现了这一高端材料的国产化，鞍钢也成为亚洲唯一具备F级海工钢供货资质的钢铁企业。2018年5月，被称为"国之重器"的"蓝鲸一号"平台在我国南海超深水域首次成功开采可燃冰，彰显了鞍钢作为"共和国钢铁工业长子"的实力与担当。

坚守钢铁材料研发生产一线28年，作为鞍钢船舶用钢领军计划的首席专家，严玲先后承担了30多项重大科技攻关项目，主持研发九大系列、124个船舶海工用钢新品种，形成了24项关键独有技术、

53 项产品填补国内空白。她带领团队在国内率先开发出油船货油舱用耐腐蚀钢、船体耐低温钢、集装箱船用高止裂钢等多个制约我国海工装备技术进步的"卡脖子"产品，打破国外垄断，创造国内多项第一。

拼搏创造奇迹，奋斗成就梦想。严玲砥砺奋进的故事仍在续写，她将带领身边的同事继续潜心科研、攻坚克难。她的事迹将激励每一名钢城人，为重塑这座城市的荣光与辉煌，重燃激情，不懈奋斗！

（作者系鞍山市政协委员，鞍山市妇联党组成员、副主席）

口袋公园装扮绿色宜居城市

杨华云

"口袋公园"再建 30 座，50 万株月季绽放街头，城市建成区绿地总面积 8858 公顷……一个个数字，不断刷新营口市的"绿色颜值"，如润物春雨一般潜移默化地提升着广大市民的文明素质。

公园多起来

在金牛山大街与滨海路交会处，市民刘先生每天坚持到这里的"口袋公园"健身打卡："我喜欢清晨从家里跑步到这儿。这一路上环境好，跑起来心情特别舒畅。再到这公园稍微休息一会儿，好不惬意。"

2021 年以来，营口市把提升城市建成区绿化工作作为重要的惠民工程来抓，充分利用主城区的腾退地、边角地、废弃地，投资 3600 万元建成了 100 个总面积约 10 万平方米的"口袋公园"，新增绿化面积约 5.06 万平方米，既设置了健身器械，还增设了亲子互动、游艺观赏等功能；投资 140 万元在辽河公园、楞严寺公园、镜湖公园、南湖公园、森林公园的花箱及绿地内栽植花卉 8500 余平方米，进一步提升了公园亮化美化档次，令广大市民频频点赞。

2022 年，根据市民需求，再建设 30 个"口袋公园"，并在市内各大公园花地内栽种草本花卉 9000 余平方米，对人民公园、镜湖公园内的大型绿雕花卉补栽 506 平方米。广大市民在家门口就能感受到绿意盎然、春和景明。

城市美起来

"花中皇后"月季具有花期长、香气浓郁等特点，被确定作为街路主要种植花卉。2021 年，营口市在渤海大街、盼盼路路岛和学府路、新华路、辽河大街中大量栽植月季，共达 36.14 万株，3 万多平方米。2022 年，又有 50 余万株月季亮相街头。

营口市通过多元增绿、见缝插绿的方式，实现了对主城区 18 条街路两侧绿化带的全覆盖；通过组团式栽植方式，以繁星花、彩叶草等时令花卉为主，在主要街路两侧及广场栽植花卉、摆放花箱……目前，城市建成区绿地总面积达 8858.42 公顷。

市民刘女士在金牛山大街西段一家民营企业工作，平时工作压力较大。每天上下班，她都沉醉在一路花草的馨香之中。伴着绿地里马兰花的清香沿街步行，成为她解压减压的小秘诀。

市民动起来

2022 年初以来，主城区各居民小区都以争创全国文明城市为契机，绿化城市，文明家园，"退菜还绿""留白留璞还绿"工作有序展开。

以绿为媒，市民共治。从政府治理到市民共建，从"口袋公园"、街区绿化到退菜还绿、绿地认养，广大市民共同参与城市治理

和文明创建。

"绿地挂上谁的牌，就归谁管。"家住站前区建丰街道办事处丰收社区的王大爷是第一批参与绿地认养的居民。他眉飞色舞地告诉我："过去社区也修建绿地，但总有人不自觉，去上面踩'捷径'，导致绿地'斑秃'，十分难看。现在社区倡导居民通过认养绿地共同维护小区环境，便很少再见到那些踩草毁绿的人了。"

（作者系营口市政协委员，营口新闻传媒中心全媒体产业发展部总监）

毛泽东主席两次为他的故事写按语

刘东宁

翻看 1956 年辽宁历史大事记，有这样一段文字记载："是年，毛泽东主席亲自领导编辑的《中国农村的社会主义高潮》一书出版。锦县二区刘玉如领导的晓光农业生产合作社，以题为'一个被人讥笑的穷合作社'被收入该书，毛泽东主席为文章题写了按语。"

这部书被称为共和国领袖亲自为中国农民写历史的一部党史教材，收录了全国各地农村合作化发展的感人故事。特别是，毛泽东主席亲自批注了 104 篇按语，其中第 35 篇和第 41 篇都与一个人、一件事有关。

同一本书中，毛泽东主席竟然写下两条按语，而且都提到了同一个名字——刘玉如。刘玉如是何许人也？

1951 年解放初期，刘玉如所在的曹家村经过土改，实现了耕者有其田，但是每户人家境况不同。为地主"扛活"、当惯了"长工"的贫雇农，除

了分来的土地，家中就连完成种植、收获过程的最基本生产工具都没有。第二年春耕在即，状况稍好一些的人家，组成了互助小组，互相帮衬着耕种，剩下那些缺少劳力和生产工具的人家却犯了愁。在当时的锦县县委、二区区委的支持下，共产党员刘玉如站了出来："大伙别愁，我来带着你们干。"就这样，你家出一把破旧的犁杖，他家出一个简陋的石磙，用着极其简陋的农具，大家伙就这样跟着刘玉如搞起了热火朝天的春耕生产。

1953年，在互助组的基础上，刘玉如率先成立了全县第一个农业生产合作社，取名"晓光"——取自拂晓之光，有充满希望、朝阳之寓意。尽管寓意十分美好，但一些人依然把他们当成"穷棒子社"。

而就在这一年，这个被人嘲笑的"穷棒子"合作社，不仅粮食获得了丰收，实现了家家有余粮，而且还利用农闲搞副业，大大增加了集体收入。有了余钱，晓光社添置了大车、犁杖、锄头等生产工具，引来当初讥笑他们的人羡慕的目光。

1956年，晓光社继续发展壮大，群众全部加入了合作社。1957年，合作社过渡到高级社，刘玉如依然担任社长。1958年，成立人民公社，刘玉如任晓光人民公社曹家生产大队党支部书记。这时候，大队的人力、物力、财力都有了一定的积累和很大的提升。在担任曹家大队党支部书记期间，他把目光瞄准了村西北的百亩荒山。先是派出了几个有头脑的年轻人到锦州果树农场学习果树栽培技术，紧接着带领全村老少日夜奋战，终于把这片荒山开垦出来，栽上了大批苹果树。几年后的盛果期，满山红彤彤的苹果缀满枝头，销往国内多个城市，甚至还出口到了苏联。看到这喜人的变化，村民们打心眼里敬佩领头人刘玉如。

"刻苦奋斗、坚决奋斗"的精神，得到了伟人的称赞，晓光公社成为建国初期中国农村合作化运动的一面旗帜，也成为"两个奋斗"

精神的诞生地。1969 年，刘玉如作为劳动模范应邀参加国庆 20 周年观礼，受到了党和国家领导人的亲切接见。

岁月易逝，精神永存。刘玉如的继任者余积镇党政一班人带领群众继续发扬"两个奋斗"精神，先后建成了群英池、夹板河、臧东方塘、余东桥等多项水利工程，至今这些设施仍在发挥抗旱防洪、保护农田的作用。

历经 70 余年的岁月洗礼，凌海的大地上仍然续写着"刻苦奋斗、坚决奋斗"的新篇章。进入新时代，"两个奋斗"精神作为宝贵的精神财富激励着凌海市广大干部群众，他们立足资源、发挥优势、扬长避短、知难奋进。破除内陆情结，树立开放意识，确立"以港兴市，向海发展"的思路，以时不我待、只争朝夕的进取精神，为建设"红色英雄城，魅力新凌海"而不懈奋斗。如今，凌海市这座明珠小城正以高质量发展理念，不断加大县域经济发展步伐，为锦州乃至辽宁振兴发展做出更大贡献！

（作者系锦州凌海市政协秘书长、办公室主任）

世界百年气象站在辽宁

郭 锐

2017年5月17日，在世界气象组织执行理事会第69次届会上，营口气象站以其百余年的持续气象观测、长序列气候资料和气象探测环境保护，与其他国家59个气象台站并肩站上世界气象历史的舞台，成为中国首批世界百年气象站成员。

营口，河拥海抱，航运发达。大自然的一雨一露、一风一雪，对于营口这个东北最早商贾云集的通商口岸和坐拥河海良港的"奉

省第一门户"来说，至关重要。

早在 1861 年开埠之初，英国驻牛庄（营口）领事密迪乐便在营口开展气温变化的观测，并将数据详细记录上报。为保护航运安全，促进贸易往来，1869 年，清朝海关总税务司发布命令，要求各地开展气象观测业务，并将气象观测列为海关的五项基本业务之一，位于东海关的营口海关测候所应运而生。1904 年日俄战争爆发，日本侵略者在营口设立第七临时观测所，旧址在当时的三义庙（现营口市政协院内）。1909 年，观测所迁至当时的新市街（现站前区园林里 32 号），继续开展气象观测，直至 1945 年 8 月日本投降。

1949 年 4 月 1 日，就在观测所旧址上，刚刚解放五个月的营口，守得云开见月明，正式开启了中断四年之久的气象观测。

中华人民共和国成立后，营口气象事业呈现出日新月异、蓬勃发展的万千气象。1974 年，营口气象站每日四次定时报的数据参加全球资料交换，成为全国和全球的资料交换台站。1999 年 10 月，在全省率先开展地面气象有线遥测 Ⅱ 型自动站建设，实现了从人工观测向自动观测的大踏步跨越。其后，又开启双套自动气象站"一主一备"的运行模式，成为全天候、自动化、多要素、立体化的综合气象观测站。2006 年，营口市在主城区西部的西炮台湿地公园规划区内建设了业内领先的气象站，气象观测由地面观测发展到以多普勒雷达、高空探测、卫星监测为手段的立体观测。营口气象人不仅能够利用现代手段观云知雨，还能凭借科技之力呼风唤雨。

如今，营口气象站旧址虽已"退役"，但作为辽宁气象发展百年历史的实物见证，作为首批世界百年气象站中国成员中旧址仅存的一支独苗，在中国和世界近代气象史上是独特且重要的存在。

为弘扬气象文化、展现时代变迁，营口在气象站旧址建设了营口百年气象陈列馆。陈列馆以"百年风云，万千气象"为主题，设有营口百年气象展、气象仪器专题展以及多媒体互动展三大展区，整个展馆通过历史图片、实物展品、史料书籍、场景复原、多媒体演示、体感互动等多种形式，生动展现了营口百年气象文化、现代气象科技文化以及百年光影背后的沧桑巨变。

风云激荡，气象万千。蝶变重生的营口百年气象站，记录下的是营口的"阴晴冷暖"，讲述的是属于这座城市、整个中国的复兴故事。

（作者系营口市政协委员，营口市气象局副局长）

辽东半岛最南端的山海情

远　东

老铁山头入海深，黄海渤海自此分；

西去急流如云海，南来薄雾应风生。

诗中描绘的老铁山位于辽东半岛最南端，因牧羊城、老铁山灯塔、黄渤海分界线而闻名。登临老铁山的百年灯塔，俯瞰黄海与渤海，可以看到泾渭分明的分界线——东部深蓝色的是黄海水，西部呈微黄色的是渤海水。

我的家乡陈家村就位于三面环海、风光奇秀的老铁山下。深得山海恩赐的我，自幼听涛攀岩，对家乡有着别样的情感。2006 年 9月，我从日本留学归来。此时正值旅顺口区被纳入辽宁沿海经济带的历史机遇期，我决定挖掘陈家村的山海优势，通过特色文旅产业带动周边村民共同致富，实现自己的青春梦想。

创业之路并非一帆风顺。任职黄渤海分界线旅游开发有限公司总经理期间，我对政策了解不够充分，公司发展一度碰壁。为了走出困局，我认真学习了相关法律法规，聘请业界权威专家反复研究论证，制订了多套计划方案。很快，公司的管理和运营步入合理化、规范化快车道，景区平均每年吸引中外游客 15 万余人。

初尝胜利果实，我信心大增。按照预设的前景规划，我又动员景区周边的村民兴建"渔（农）家乐"，依托生态旅游创收致富。最初，许多人持观望态度，我便建议哥哥带头示范。大家见他顾客盈门，纷纷

跟进。经过几年的发展，渔（农）家乐越来越多——村民致富了，游客的体验也更丰富了。

为了实现产业的多元发展，进一步推介家乡农产品，我又立足特色"动脑筋"。通过调研，我发现"旅顺大樱桃"已成品牌效应。于是，我请教专家，总结形成一套科学的浇水、施肥、修剪、扭梢、疏花疏果管理和营销体系，每年通过种植樱桃收入100余万元。"实验"成功后，我将这些技术无偿分享给周边村民。在大家的共同努力下，15个樱桃园相继建立。我们抱团抢市场、谋红利，以大樱桃为增收"突破口"，蹚出了一条绿色化、优质化、特色化、品牌化发展的兴农富民之路。

路漫漫其修远兮，我深知，要把老铁山打造成为中外闻名的文旅品牌，还有很多工作要做，还有很多困难要克服。但为了实现这个梦

想，吾将上下而求索。相信在大家的共同努力下，历经百年而不熄的老铁山灯塔会更加亮眼！老铁山这张旅游名片也一定会更加靓丽！

（作者系大连市旅顺口区政协委员，旅顺黄渤海分界线旅游开发有限公司董事长）

他用速写与千年古城深情对话

王学东

辽阳古称襄平，历史文化悠久，战略地位重要。这里有古老的建筑，也有一片片分布街巷胡同中的老房子。可以说，没在老房子、老胡同里生活过，就不可能真正了解辽阳：老圈儿楼、翰林府、大什街、高丽门……这些地名是辽阳人一段段不可磨灭的记忆。

随着城市建设进程的加快，老城在推土机的轰鸣声中成为往事，化作萦绕在心头的眷恋。如何留住老建筑、老胡同的历史，让过去告诉未来，让后人了解今天，成为我们的文化使命。

有这样一个人，二十多年来背着画具、骑着自行车奔走在辽阳，寻访古建筑、古村落、名人故居、历史遗迹，以他真挚的情感和细腻的笔触记录残存的老建筑——他就是辽阳市美术家协会副主席李如彪。

这些老建筑随时都会被拆除、破坏，所以李如彪必须分秒必争，同推土机赛跑，尽他最大的努力把这些老建筑记录在他的速写本上。为此，他付出了大量的时间和精力。为了不受干扰，他每天清晨四点钟起床，背着画具，往来于古城的大街小巷。有时为了完成一幅复杂的作品，竟要连续画三四个早晨。

在护城河改造扩建时，李如彪踏着积雪，冒着严寒，连续画了

两个多小时，记录下永宁桥（也称南铁门桥，建于 1920 年，1941 年改建，解放后重修），用手中的画笔与老桥告别。

画中也有真正的告别：2004 年 4 月下旬，李如彪发现了一座有着百年历史的老房子。从一位世居此地、年逾八旬的老大爷口中得知，老房子建于清代，原来在这里居住的人家曾出过两个举人、一任县长。担心老房子被拆掉，李如彪立即着手画下房子。几经思量不太满意，第二天赶在出差前又画了一幅……途中，他心里十分挂念画中的老房子。回到辽阳后，他第一时间前往老房子，结果眼前一片平地，画作成了唯一的念想……

老城的建筑、街道是时代的缩影，不仅记录着古城的兴衰，也见证了几代人的成长。走在老城中，凝视着这里留下的建筑，更像是聆听一位慈祥长者的诉说——在娓娓道来中走进他漫长的过往。每一条街道，每一幢老屋，每一座老院子，哪怕是仅存的黑瓦、土

墙，都像钥匙开启着我们情感的大门，引领我们探究他心灵的深处……

在画老城速写的同时，李如彪还拜访相关领域的专家、学者和历史人物的后代，探寻老建筑的历史和背后的故事。周末文化市场的旧书摊儿上，经常会看到他的身影——在那里探寻"宝藏"。多年来，为了画老城，他骑坏了四辆自行车！为了能使速写作品长久保存，他也极力寻求良法。日积月累，厚厚的一摞速写本，几百幅老城速写，记录着他与老城的深情"对话"。

李如彪说，他每次画老城速写，都会有一种沉甸甸的使命感。他将继续行走在画老城的路上，为城市留下更多的记忆。

（作者系辽阳市政协委员，辽阳美术馆馆长）

抚顺有一所雷锋小学

徐　蛟

　　抚顺是雷锋的第二故乡。在这里，有一所学校以雷锋的名字命名——雷锋小学。这个响亮的名字，既赋予我们光环和殊荣，也赋予我们责任和使命。

　　小时候，老师时常对我们讲起雷锋在日记里的一段话："人的生命是有限的，可是，为人民服务是无限的，我要把有限的生命，投入到无限的为人民服务之中去。"那时，我还不懂这句话的真正含

义，只是好奇为什么大家都在传颂他的事迹。长大后，当我成为抚顺市望花区雷锋小学的一名教师，我才发现自己与雷锋的距离是这么近，才真正体会到雷锋精神是一面永不褪色的旗帜，是一座永放光芒的灯塔。

雷锋与这所小学的渊源要追溯到 1960 年 10 月，一条鲜艳的红领巾牵起了雷锋与少先队员的情谊。从那以后，雷锋的身影经常出现在队员们的中间。600 多天的相处陪伴，他留给我们的不仅仅是阳光向上、和蔼可亲的形象，更是那些激励少先队员向上向善、百折不挠的精神财富。从那以后，传承和弘扬雷锋精神的历史接力棒在一代又一代雷锋少年手中接续传递。

1987 年，抚顺雷锋小学举办了第一届"相会在雷锋叔叔身边"夏令营。2017 年，我作为 30 年再相聚——全国小雷锋"相会在雷锋叔叔身边"主题活动的参与者，见证了雷锋精神在全国各地校园的薪火相传。

2018 年 2 月，雷锋小学全体少先队员以书信的形式向习近平总

书记汇报了学习成长情况。孩子们用纯真质朴的语言告诉习爷爷，雷锋小学作为全国"雷字号"学校的发祥地，培育雷锋精神种子的摇篮，引领全国校园学雷锋活动，并与新疆、西藏、上海、青海等地的少先队员手拉手同走雷锋之路，共做雷锋传人。3月3日，孩子们欣喜地收到了习近平总书记写给他们的勉励语，备受鼓舞！

同年9月28日，习近平总书记参观抚顺市雷锋纪念馆并发表重要讲话，为新时代学雷锋指明了前进方向，提供了根本遵循。全体雷锋小学人更是时刻牢记习总书记嘱托，秉承"用雷锋精神塑造师生健康人格"的办学宗旨，在"知雷锋、爱雷锋、学雷锋、做雷锋"常态化学雷锋活动中，让雷锋精神在校园孕育出累累硕果。

如今，享誉全国的"小雷锋志愿讲解团"活跃在校园和社会的志愿岗位上，成为抚顺雷锋城里宣讲雷锋精神的一张名片。从这里走出的优秀学子也在不同的领域和各自的岗位上传承着雷锋精神。

雷锋故事天天讲，雷锋精神代代传。作为雷锋小学人，我们定会不负众望，在新征程中讲好新时代的雷锋故事！

（作者系抚顺市望花区政协委员，雷锋小学副校长）

让田间开满"幸福花"

黄承彦

我所讲述的故事主人公是一位准"90后"。她很年轻，2012年才从沈阳农业大学毕业；她也很老成，仅用十年时间就从初出校门的学生成长为果树领域的高级农艺师。她说田间地头就是检验学习成果的"考场"，她用坚实有力的步伐在果园中穿梭，用青春的朝气与力量奋战在助力脱贫攻坚、服务乡村振兴的一线——她就是朝阳果树技术推广站的杨丹丹。

自扎根朝阳起，杨丹丹一有时间就走进乡村、贴近农户，帮助农户研究果树苗木繁育过程中的问题，提高农户苗木生产技术水平。

专业扎实、服务热情的杨丹丹很受农户欢迎，大家遇到问题总会先想到给杨丹丹打电话。一次，她接到农户的咨询电话，话语中透着焦急："家里一株果树长势茂盛，但迟迟不结果咋办？"杨丹丹马上跑到农户家查看果树生长情况，现场给农户详细讲解果树营养生长与生殖发育之间的关系。在她的悉心指导下，农户通过拉枝、疏枝等方法，让果树结出了香甜的果子！

口碑一传十，十传百，渐渐地，大家在生产生活中遇到的问题也都找她。在一次下乡调研中，一位乡亲一把拉住她，问自家的牛吃草后总是拉肚子怎么办……杨丹丹虽然不懂畜牧专业的问题，但

想着自己可以将了解到的情况向相关专家请教。于是，她耐心地和这位乡亲聊了起来，在了解到乡亲家喂牛的草料长毛时，她凭着专业敏感猜测可能是草料淋雨返潮生了霉菌。正是在这样耐心细致的沟通中，她帮助乡亲找到了原因，解决了困扰乡亲已久的问题。

经过多年的实践积累，杨丹丹对果树栽培技术有了更加深刻独到的理解。针对"寒富"苹果生产中面临的问题，她根据朝阳苹果栽培区气候及果园立地条件，推广果园生草覆草技术及省力化整形修剪技术，在朝阳建成示范园区 0.28 万亩，推广 2.8 万亩……善于动脑筋研究问题的她，用多项技术研究成果填补了有关方面的空白。她本人多次获得国家实用新型专利、辽宁林业科学技术奖、辽宁农业科技贡献奖等奖项，被评为全省高效精品果园建设工作先进个人。

从 2012 年到 2022 年，10 年弹指一挥间。杨丹丹自己都记不清有多少次顶着烈日到果园做试验研究，有多少次忍受严寒到果园做现场培训……她只是坚守"但行好事，莫问前程"的信念，默默付出，默默奉献。她说："只要有利于推广果树新技术，能让果农增收致富，所有的辛苦和付出我都甘之如饴。"

每每受到称赞，她总会说："在朝阳，像我一样奋斗在田间地头的农技推广员还有很多。我们就一个心思，那就是用我们的热情和坚守换来让群众幸福的果园。"

正是因为有了他们这群人，2018年至2021年间，朝阳建设扶贫标准化示范果园492个，面积7.9616万亩，带动10753户建档立卡贫困户实现稳定脱贫。脚下沾有多少泥土，心中就沉淀多少真情。作为果树技术推广专家，杨丹丹和同事们心系果农果园，让果农的树上开满"幸福花"，结出"致富果"。

（作者系朝阳市政协委员，朝阳市政协农业和农村委员会主任）

昔日皇家猎场　今日美丽乡村

李铁男

魏家沟村位于沈阳市浑南区东南山区，面积 5.24 平方公里，距沈阳市中心 35 公里，210 户人家，户籍人口 620 人，常住人口 350 人。别看面积不大，人口不多，但这个"小而精"的村落，却是个如假包换的宝藏村。

400 多年前，这里是清太祖努尔哈尔的围猎场，老罕王御赐名字。从此满族八旗在此看护"围猎沟"，村内有"罕王岭"、古井等遗迹，后来"围猎沟"被叫成了"魏家沟"，沿用至今。

80 多年前，这里是八路军某连的驻营地，东北将士在此为民族存亡献出宝贵生命，"烈士墓"等爱国主义遗址依然昭示岁月、慰藉英烈。

40 多年前，这里因地处偏僻，劳动力严重不足，没有二、三产业，农民收入低，全村一度成为扶贫对象。

直到 2014 年，安志国就任村书记，狠下决心立志改变魏家沟的贫困面貌！他把"规划图"变成"施工图"，将"大目标"分解成一个个"小任务"。他带头创办魏家山水种植专业合作社，自筹资金 260 万元，重点开发绿色有机农产品。仅当年就流转土地 300 亩，并以每亩 800~1200 元的高价补偿给村民，确保农户收入稳定，打消农民后顾之忧。

"农，天下之本，务莫大焉。"村集体实施绿色兴农、质量助农、品牌强农发展理念，将脱贫攻坚、乡村振兴项目和各类工商资本与农民利益联结，真正把增值点留在当地、留给农民。做精做优地方特色有机农产品品牌，注册"魏家沟"等4个商标，通过品牌效应和商品农业，规范生产，统一定价，开发丰富多样的食品资源，当鸡心果、蓝莓、寒富苹果、葡萄、火龙果、水稻及各种蔬菜走进社区、机关单位、国际软件园时，魏家沟的有机农产品早已享誉浑南、辐射沈城、惠及百姓，实现优产、优购、优储、优加、优销"五优联动"，销售总量达500万斤，农民人均年收入增加1500元。

魏家沟先后获得"农工党中央首批社会服务基地""辽宁省生态村""辽宁省美丽乡村示范村""辽宁省休闲农业和乡村旅游特色村""沈阳市休闲农业专业村""沈阳最美乡村""沈阳市文明社区""沈阳市民族团结进步创建示范村"等荣誉称号。

对魏家沟来说，这些荣誉既是对过往成绩的肯定和褒奖，更是建设"更美"乡村的资源和平台。

党的十九大提出实施乡村振兴战略，并把发展现代农业作为实施乡村振兴战略的重中之重。

魏家沟村审时度势，勇敢站在新战略的"风口"，采取"公司+农户""乡村旅游+农业生产"的发展模式，成立沈阳市魏家沟农业发展有限公司，率先实现"资源变资产、资金变股金、农民变股东"的"三变"改革，让全体村民参与进来，共享产业增值收益。

完成一系列乡村旅游配套建设，创建非营利性"德美康职业培训学校"，建成集现代农业、特色民宿、研学培训、康养休闲于一体的文化旅游度假村，年接待游客2万余人。一个规划合理、景色怡人的都市近郊型田园综合体近在眼前，成为周边市民休闲娱乐、解压治愈的后花园。

在推进工业供给侧结构性改革新形势下，先发制"市"，面向市场需求，探索发展定制农业新模式，与相关科研院所合作，为有机产品、绿色食品和无公害产品的认证奠定坚实基础。与京东、拼多多等互联网电商平台建立合作关系，与企业、社区达成订单销售协议，在一站式直通车的细分赛道上，魏家沟村已经底气十足、行稳致远。

种下梧桐树，引得凤凰来。魏家沟村从全力打造优质营商环境做起，开启村企合作的典范，引进的沈阳德美康集团、坤泰科技有限公司等企业累计投资 1 亿元，创新实施"项目+团队+技术"的"带土移植"一体化工程。作为辽宁"瞪羚"企业的沈阳顺风农业集团，研制生产的"农妈妈"有机肥和可降解液体地膜，与魏家沟村强强联手，助推绿色基地项目按下"快捷键"，跑出"加速度"。

乡村振兴不仅是产业振兴、生态振兴，还要人才振兴、文化振兴、组织振兴。从老支书安志国，到第一个回村创业的大学生姜磊，从第一书记李焕发，到选调硕士研究生魏梓桐……一批批爱农、知农、强农、兴农的好干部扎根这里，用脚步丈量魏家沟，也在书本中丈量，在历史中丈量，在思想上丈量，把与人民同呼吸共命运的情感融汇在事业追求中。

"勿志为达官贵人，而志为爱国志士。"全面推进乡村振兴的深度、广度、难度都不亚于脱贫攻坚，绝不能有任何喘口气、歇歇脚的想法！一代代魏家沟的年轻人乘势而上、薪火相传、接续奋斗，不断演绎着新时代《我们村的年轻人》。他们使魏家沟村实现"党建+"工作全覆盖，村两委班子队伍整齐，平均年龄 40 岁，与村集体公司引进管理人才和技术人才形成合力，共同致力于村貌更加美丽、村风更加文明、村民更加幸福。

　　魏家沟村是辽宁681个村基层组织的缩影，他们"干"字当头，"敢"字为先，"实"字托底，保持定力，笃信前行，在乡村振兴战略上勇闯新路，在生态文明建设上赛出新绩，携手共创百姓富、环境优的大美辽宁新未来！

　　（作者系辽宁省政协委员，农工党沈阳市委会原主委，沈阳市第七人民医院皮肤科主任医师）

"智慧"之举激活城市交通脉搏

姚昌华

曾几何时，路怒吼、拥堵嘀、理赔等、插队险、停车难等交通乱象困扰着生活在锦州城里的人。如今，城市交通大数据多场景应用给市民带来的便利令人欣喜。

打造"智慧大脑"

交通态势预知预测、交通信号远程调控、违法车辆自动比对、查询车轨"秒"级响应、警务资源一图显示……包含 8 大模块 21 个子系统的智能指挥中心勇担"试验田""示范区"重任，利用大数据态势分析、信号控制、AR 实景作战平台、指挥调度、交通诱导等功能，让 20 多亿条交管数据信息"活"起来，为全市公安交管工作插上起飞的"翅膀"。

筑硬推软大提效

面对市路网结构陈旧、基础设施薄弱、道路通行能力差等难点问题，锦州市积极借助外脑，与上海同济大学领军团队合作，先后渠化城区路口14处，施划非机动车彩色过街通道1万平方米、禁停标线140公里、彩色斑马线8万余平方米、停车泊位81558个，安装护栏17.5公里，规范交通标牌466块，更新智能控制系统135处。城区智能控制系统全部接入指挥中心，大大提高了道路通行效率——这一场景被中央媒体报道，着实让锦城人感到骄傲和振奋！

"情指勤督" 无缝接

相关部门各司其职：信息部门利用分析系统对交通堵点、乱点预警预判，对重点车辆违法轨迹进行定位，预测风险，提供依据；指挥部门依托由支队指挥中心、大队数字指挥室、中队数字指挥单元构成的指挥网络，将警情"点对点"推送至执勤民警，实时监控处置；执勤民警按照"三个网格+六大勤务"运行机制，对警情和指令迅速反映，快速处置，及时反馈，闭环管理；督导部门通过智能摩托、对讲机、执法记录仪、移动警务终端等装备实时回传巡逻轨迹和执法情况，监督执法过程，监管履职情况，对绩效自动考核……通过彼此间的分工配合，实现了全过程无缝连接。

"互联网+"配"千里眼"

针对事故现场"拆除慢、理赔难、群众意见大"顽疾，依托"互联网+"开"良方"，打造事故处理"千里眼"。市交通快处快赔服务中心，整合 13000 多个交通、治安、市政监控设备，邀请 17 家保险公司入驻，出台《锦州市道路交通事故快速处理实施办法》，打造"远程可视化事故快速处理模式"。

2020 年，"智能无人机巡检系统"应用于响应平台，开创了事故快处工作"空+地"一体化新模式。即使在雨雪等恶劣天气情况下，也可在最短时间进入事故现场，实时回传数据，远程处理交通事故，群众满意度大幅提升。

不经意间，大家发现小区车位重新施划了，僵尸车不见了，障碍物减少了，停车好找车位了……通过一系列"组合拳"，城市交通乱象明显减少，交通秩序明显好转，百姓啧啧称赞。

锦州，用"智慧指挥"激活城市交通脉搏，让城市治理更出彩，提升城市文明内涵，让"幸福大道"不断延伸！

(作者系锦州市政协委员，锦州市政协人口资源环境委员会主任)

这条路让城海相连

杨　敏

　　"来到盘锦，我印象最深的是宽阔平坦的路。"这是办公室新分配来的刘老师常常发出的感慨。最初我的感触不深——作为土生土长的盘锦人，我对这一切已经习以为常；说的次数多了，便勾起我幼时的记忆，令我回想起自己曾经走过的那一条条路……

　　小时候，我常跟着爸爸去位于大洼县的叔叔家。一路上，坑坑洼洼，蜿蜒曲折，如果遇到阴雨天气，自行车根本不能骑行，步履维艰。有时碰到道路维修的情况，一耽搁就是几个小时。幼时的我，感觉去看望叔婶的路特别漫长，心中常常念叨，道路不是那么泥泞该有多好啊！

　　1984 年，盘锦建市以后，这条路不断扩建。到 1994 年，建成了宽阔的双兴北路。进入新世纪，盘锦又改造了向海大道。曾经那条颠簸泥泞的路已改建成双向八车道、路面笔直、平坦宽阔的城市干道，路旁景观别致，风景如

画。不仅如此，新农村建设也使盘锦的乡村之路发生了巨大改变。一次，我到北窑村、石庙子村调研。令我惊讶的是，泥泞崎岖的道路早已消失不见，取而代之的是一条条柏油马路，就连村民的家门口也全都变成了柏油路面。走在这里，再也不会被溅得满裤子泥水，再也不会置身于漫天灰尘中——那一瞬间，我由衷地感受到盘锦的变化之大。

30多年过去，路在我们心中早已超越它本身的意义，更承载着昔日的梦想，寄托着明日的希望。从小时候的烂泥路走到今天的柏油路，改变的又何止是这一条条路呢？社会在进步，不断改变的还有路两侧的良田——多元化的经济作物种植、水产养殖，盘锦的路越走越宽。如今，盘锦深入推进乡村振兴战略，在农村产业发展、美丽乡村建设、乡村有效治理等方面都取得了突破性进展，走在了全国的前列。"神女应无恙，当惊世界殊"，在城市发展的道路上，盘锦人的脚步从未停歇，我们不负盘锦，盘锦不负时代。

路，蕴含了盘锦人的骄傲与梦想，凝聚了几代人的心血，见证了盘锦的发展，折射了祖国的强盛！一路走来，自力更生、艰苦奋斗的盘锦人民令这座城市既有速度又有温度：盘锦成为全省首个入选国家生态文明建设示范区的地级市，美丽乡村建设持续走在全省乃至全国前列，地区人均生产总值在东北地区地级市排名中位居第一，人民群众安全感满意度测评位列全省第一……

伴随着盘锦人走向富裕的脚步，随着美丽乡村建设步伐的加快，我坚信：盘锦的路定会越走越宽阔，百姓的路也会越走越幸福！

（作者系盘锦市政协委员，盘锦市高级中学年级副主任）

辽宁有一座"双奥"冠军之城

白 石

2022 年 2 月 14 日，鞍山籍运动员徐梦桃在第 24 届冬季奥林匹克运动会比赛中夺得自由式滑雪女子空中技巧项目金牌，成为世界上第一位空中技巧的大满贯得主。3 月 14 日，中国奥委会授予鞍山市"奥运冠军之城"纪念奖杯，鞍山这座"钢铁之城"又有了新名片。

1984 年洛杉矶夏季奥运会至 2022 年北京冬奥会期间，鞍山籍运动员在夏奥、冬奥中均有金牌入账，相继走出了姜英、宋妮娜、郭跃、李晓霞、马龙、于洋、杜婧、孙玉洁、刘洋、李雯雯、徐梦桃 11 位奥运冠军，以 16 枚奥运金牌的成绩在中国地市级城市中傲视群芳，是实至名归的"双奥"冠军之城。

这些冠军中，不乏传奇人物：乒乓球运动员马龙是中国历史上夺得奥运金牌最多的运动员，也是世界乒坛史上第一位男子"双圈大满贯"得主；雪上圆梦的徐梦桃，更是实现了中国几代空中技巧人的夙愿；排球赛场亦有传承，1984 年姜英代表中国女排首夺奥运金牌，20 年后，另一名鞍山选手宋妮娜在雅典续写辉煌……除了 11 位奥运冠军选手，马俊仁、王芳、李秀馥、花菊、隋盛盛、刘婷婷、赵继伟等人都是中国体坛响当当的人物。

拥有深厚群众体育基础的鞍山，运动氛围浓烈——正如当年来自鞍山的钢铁人才支援全国建设一样，如今，鞍山的体育人才培养成绩斐然，鞍山籍运动员遍布全国，为国家输送优秀竞技体育人才数量位居全国前列。山东、广东、北京、上海等体育强省（市）均有鞍山籍运动员的身影。以乒乓球为例，最近30年间，鞍山已走出了十多名乒乓球国手和百余名优秀乒乓球人才。除了奥运冠军李晓霞、郭跃、马龙，残奥冠军高延明，世界冠军常晨晨、张超，鞍山还向国家队先后输送了孙逊、白石、李陟、尹航、曹丽思、崔庆磊、冯极、陈天元及现役乒乓国手范思琪、袁励岑等优秀运动员。一些优秀的乒乓球人才不仅被国内其他省市乒乓球队引进，而且有的还走出了国门：在北京奥运会上为新加坡队摘取女团银牌的王越古、曾多次代表韩国女队征战世界顶级乒坛盛事的石贺净……目前，在美国、日本、德国、波兰等国外乒乓球俱乐部球队中，均有来自鞍山的选手。

以体育为媒，大家对鞍山有了新的认识："更高、更快、更强、更团结"的奥林匹克体育精神与钢铁之都的城市精神完美契合；扎实的基层训练、深厚的全民健身沃土、蓬勃发展的体育产业，也让鞍山现代体育之路充满生机与活力。

荣膺"奥运冠军之城"，既是荣誉也是激励。站在新的起跑线上，钢都体育人将在历史传承与创新发展之中，把这张名片擦得

更亮！通过传承和弘扬中华体育精神和奥运精神，培育"鞍山体育精神"，鼓舞斗志，激发干劲，为新时代鞍山振兴发展提供精神力量和动力源泉。

（作者系鞍山市铁东区政协委员，鞍山市文化旅游和广播电视局体育事业科副科长）

用最美的青春告白家乡

丁　辰

满韵风情盛京城，福地古都大辽宁。作为一名土生土长的沈阳人，我怀着一颗炽热、感恩之心在这片土地学习、工作、生活。

在我眼中，沈阳是这样一座城市：只有当你去外地生活过一段时间，才知道她有多好。此心安处是吾乡，每当我从外地返回这里，心便有了归依之处。

沈阳是一朝发祥地、两代帝王都，历史文化气息十分浓郁，独

具魅力与内涵。行走在沈阳故宫的红墙碧瓦间，那些在电视剧中呈现的历史场景一幕幕映入眼帘。在这静谧的时光中，在这古今交错的体验中，我仿佛"穿越"回那个年代，与这里的一草一木、一景一物共同品味历史长河中的瞬间。

四季分明，也是我爱上这里的原因：春天的长白岛森林公园、莫子山公园等地，

是大家休闲小聚的野餐好去处；夏天傍晚的浑河岸边、丁香湖畔是人们饭后散步、打卡的"网红地"；短暂而绚烂的秋天不容错过，浑河之滨落叶成毯，大学校园内的银杏路给秋天添了一抹金黄，无须远行便可一睹浪漫秋色；冬天的北陵公园，漫天飞舞的雪花让空气中多了一丝丝的甜味，置身其中感受到童话般的美好——孩童们穿着棉袄、手拿着冰糖葫芦肆意奔跑嬉闹，那同样是我记忆中的童年！

这里的人们幸福感极高，生活惬意且自在。每当休息日，四百年老街——中街上热热闹闹、熙熙攘攘的行人共同感受现代与历史的交融。家乡的美食也是我身在异乡时久久惦念的味道：冬天热腾腾的酸菜锅，大街上随处可见的老四季抻面配鸡架，西塔一条街的朝鲜族美食、各大夜市的小吃……那是家的味道，让人离不开的味道！

这样的沈阳，让我如何不爱？她永远清澈明亮，包容着这座城市里的每一个人，支撑着每一个人的梦想。每当想到她，我心中总是充满温暖和力量——我爱她的厚重历史，爱她的四季缤纷，爱她的车水马龙，爱她的人情温度，更爱她的奋勇拼搏。

过去，家乡哺育了我；未来，我用青春奉献家乡！

（作者系沈阳市政协委员，东北大学生命科学与健康学院教授）

五年跟踪打通 120 急救堵点

付晓辉

"120 急救呼叫难!" 2018 年,在政协大连市十三届一次会议上,群众的呼声引起了教科卫委的高度关注。

急救能力也是治理能力,急救环境也是营商环境。于是,针对大连 120 急救体系的"会诊",成为教科卫委百余名委员调研的重点。

"大连平均每 8 万人才拥有 1 辆救护车。"这个调研数据让委员们心情沉重,要知道,国家规定的标准是平均每 5 万人 1 辆救护车。更让大家忧心的是,大连急救平均反应时间是 20~30 分钟,这与部分城市相比也有差距。

问题迫在眉睫,必须彻底解决。经过一段时间的深入调研,科教卫委掌握了大量资料,决心一定要打通 120 急救这一民生领域百姓急难问题的堵点!大连市政协以"加强 120 急救体系建设"为协商议题,通过"三步走"计划,坚持一件事情接着一件事情办,一年接着一年干。

2019 年,大连市政协将"加强 120 急救体系建设"列为年度协商计划,成立课题组,先后赴市内外调研 3 次,召开座谈会、分析论证会等 5 次；与 17 个市的政协进行沟通联系，收集相关工作经验材料 50 余份；形成 9000 余字的调研报告和 13 篇协商发言材料；召

开"加强我市 120 急救体系建设"双月协商座谈会，形成专题报告报市委、市政府。

随后，大连市政协与大连新闻传媒集团联合开办《有事好商量》电视栏目，首期主题即为"加强 120 急救体系建设"，播出后引发社会热议。

通过专题协商，直接推动市政府采购了 13 台负压救护车，并将"实施大连市急救中心通信系统改造及急救设备车辆配置项目"列为 2020 年 15 项重点民生工程之一……

2020 年，大连市政协继续将 120 急救站点布局问题列为监督性视察内容，并与辽宁师范大学地理系合作，对全市 120 站点布局问题进行建模分析，提出更精准、更科学的建议。

2021 年，大连市政协结合城乡功能布局以及区域服务人口规模、急救服务需求、地理交通因素等，向市委、市政府正式提交《大连市急救中心站点布局优化研究》调研报告。根据这份调研报告的建议，公共卫生和城市急救的大连模式将以 15 分钟为目标优化城市 120 站点建设，以信息化建设为抓手实现"患者—急救中心—救护车—医院"多方联动，以"五大中心"建设为基础促进医疗急救高

质量发展。

一场连续五年的持续跟踪，只为满足人民对美好生活的向往，"120"如何更快更强？他们，一直在路上……

（作者系大连市政协委员，大连市政协科教卫委员会主任）

东京城记载了努尔哈赤的峥嵘岁月

年　华

具有 2300 多年历史的辽阳，是东北最早的城市之一。初来辽阳，我曾误打误撞地走进一座百年古城，世间沧桑变幻，古城早已墙倒屋塌，人去楼空，仅存的标志建筑物——天祐门，耸立在杂乱的民居之间，早已失去当年的辉煌和庄重。这，就是记载了清太祖努尔哈赤峥嵘岁月的东京城。

东京城坐落在辽阳市文圣区东京陵乡。穿过大路，走进一片低矮的棚户区，沿着泥泞蜿蜒的小路，辗转找寻，参差的土墙尽头便是东京城仅剩的遗迹天祐门。走进城门，守城人和我们讲起了这座城的历史——东京城是清太祖努尔哈赤建造的第四座都城，与赫图阿拉（兴京）城、沈阳盛京城并称为关外三京。东京城虽然规模较小，但宫殿、衙署俱全，在皇太极时期还建有弥陀禅寺。

这次偶然的造访，让我对这仅存的断壁残垣产生了极大的兴趣。努尔哈赤在东京城内进行的一系列改革，推动了经济社会的发展，扩充了军事实力，为后金政权的发展奠定了重要基础。

东京城在 1960 年被列为市级文物保护单位，1988 年晋升为省级文物保护单位，2013 年被国务院公布为全国重点文物保护单位。继1997 年复建天祐门后，辽阳市委、市政府又启动了辽阳东京城遗址

保护工程，目前已完成 1900 户居民的动迁工作，初步建成东京城遗址公园。

2022 年是我来辽阳的第十个年头。十年间，我身处其中，亲历变化，东京城已不再如十年前那般破败和寥落。沐浴着夏日明媚的阳光，我再一次来到东京城遗址——这里不再有锈蚀的洋铁皮大门，也不再有贴满小广告的电线杆，更不再有杂乱无序的民房、围墙以及院落里撂荒的耕地，取而代之的是洒满阳光的草坪、宽敞大气的广场。东京城遗址在一片暖阳下显得格外庄严肃穆。错落有致的景观、古老厚重的历史让这里成为辽阳及周边市民探寻古迹、旅游观光、网红打卡的好去处。

辽阳这座历史文化名城，也在改革开放中不断进取创新，在各个领域绽放出自己的光彩。我有幸见证着这座城市的发展变迁，宜居的生态环境、闲适的生活节奏、厚重的文化氛围让我不知不觉爱上了这片土地。我坚信，未来的辽阳一定会越来越好！

（作者系辽阳市文圣区政协委员，民建辽阳市委会办公室主任）

"胡萝卜村"的带头人

毕永强

　　我的故事的主人公是曾获得"辽宁省优秀共产党员""辽宁省劳动模范""辽宁好人""辽宁省基层好干部"等荣誉的昌图县平安堡镇十里村党总支书记——马春利。

　　2000年，十里村还是平安堡镇最穷的村。村党支部书记马春利下定决心要带领乡亲们找到行之有效的发展路径。经过反复论证，他与村"两委"班子、党员和村民代表立足区位优势、资源优势，确定了以胡萝卜为主的蔬菜产业路子。

　　创业之初，马春利带领村干部和党员在产业发展中带头干、挑

123

大梁，用好用活房前屋后自留地；先小规模种植，再在自家承包田试种胡萝卜和其他裸地菜。见到效益后，百姓们都跟着种植，并从裸地种植发展到竹棚种植，由竹棚发展为钢筋骨架大棚……

目前，全村胡萝卜大棚面积达到了8000亩，年产值6000万元，仅此一项，农民年人均收入就达到了2.6万元。为扩大生产规模，实现产销一体化，他带头组建了合作社，建起了600多个胡萝卜储窖、60座冷库，可一次性储藏、制冷胡萝卜2000多万斤。胡萝卜的销路也从周边城市延伸到北京、上海等一线城市，并出口俄罗斯、韩国等国家。

他又请来沈阳农业大学的专家，帮助村里做好蔬菜发展规划，构建以胡萝卜种植为主、其他蔬菜为辅的产业布局。发展设施农业，开发绿色有机无公害产品，创立胡萝卜品牌，注册"参宝"商标，被国家农业部确定为无公害蔬菜。

在合作社的发展过程中，村民享受土地入股、保本分红，资金入股、利润分红，出劳入股、效益分红等多重效益，社员入社后比入社前年人均增收30%以上，合作社已经成为群众致富的重要渠道。如今，在十里村流传这样的顺口溜："年收入两万三万贫困户，四万五万刚起步，六万七万普遍户，十万八万超百户，百八十万有几户。"这就是十里村村民生活状况的真实写照。

让村集体有钱办事，使村里的党员干部有话说、有事办、有活干、有钱挣，是马春利的心愿。他带领全村探索出了"村社合一"这条富民强村之路，立足胡萝卜产业基础，积极争取政策扶持。2016年，村子被确定为省级重点扶持发展壮大村级集体经济试点村。他将200万元扶持资金投入到十里乡情绿色蔬菜专业合作社，实现了"村社合一"——新建的100座高标准钢筋骨架蔬菜大棚，整合了零散土地、闲散资金、剩余劳动力、蔬菜销量等资源。

成立合作社后，村里有了党建经费，党员干部能够走出去学习考察，把好的经验带回来，更好地为村民服务；集体也有了为村民办公益事业的钱。在大家的努力下，十里村在 2020 年获得"全国乡村特色产业亿元村"称号。村子富了，百姓幸福了——马春利带领村"两委"班子修建了占地 3400 平方米的村民休闲文化广场，办电1.5 万延长米，栽植防风林 8000 延长米，修建排洪沟 8000 延长米，争取资金修建水泥路 40 公里……过去的"破大十里"变成了现在富庶文明、和谐美丽的小康村。

政在为民，群众才能受益；绩在实干，人民才能赞许。十里村能有今天，乡亲们最有数，是胡萝卜和蔬菜产业鼓起了他们的腰包。而产业的从小到大，乡亲们由穷变富，无不饱含着马春利爱民如子的一片丹心，无不印证着他执着奋进的足迹，无不彰显出一名党的基层干部炽热的公仆情怀，他正带领着全村父老乡亲踏上乡村振兴的新征程。

(作者系铁岭市政协委员，铁岭市昌图县委组织部副部长)

鸭子和螃蟹在稻田里"干农活"

刘凤梅

又到农耕好时节，本溪市桓仁满族自治县泡子沿村原生态优质稻米专业合作社的农田里，空中无人机飞播、水稻旱地直播、智能灌溉系统、种养循环系统映入眼帘……让人们看到一片高科技加持下的田园风光。

故事的主人公姜宗泽——原生态优质稻米专业合作社的创始人，在帮助农民代卖袋装大米时发现，由于农民未掌握科学生产技术，不断加大化肥农药的施用量，造成土壤环境恶化，水稻品质因此下降，加上产品没有品牌优势，很难卖上好价钱……

怎么才能解决稻米不好卖的问题？2008 年 1 月，姜宗泽结合多年工作实践，构建立体种养生态农业系统，以绿色发展理念带领乡亲走上致富路。

走进合作社，院子里一群鸭子正在悠闲地散步——这是合作社养的稻田鸭，春夏放养在稻田里，不仅起到疏松土壤、健壮秧苗的作用，还能消灭害虫杂草。此外，鸭子的粪便还可以增加土壤有机质，不打除草剂、杀虫剂和杀菌剂就能实现有机栽培……除了 2000 亩鸭稻，这里还种了 530 亩蟹稻，以田养蟹、靠蟹肥田。在良好的生态循环系统中，种出的蟹田米晶莹剔透、醇香四溢。

　　尝到了甜头后，姜宗泽在实践中探索创新的劲头更足了！他尝试在稻田中种植木耳——水稻田后期的温度、光照、湿度条件都极适合木耳生长，稻田里挂完菌棒后就无须人工管理，靠露水和自然降水就可以满足木耳生长需求。这种近似于野生状态下生长的木耳口感更加筋道。

　　农作物秸秆还田是东北地区农业生产的一道技术难题。受农村泥土掺草秸垒墙的启发，姜宗泽在秋收后把秸秆铺在田里，再通过他独立研发的机器将秸秆整株压入水田当中。免除了秸秆粉碎环节，地表无残留秸秆漂浮；依靠秸秆自然腐化，不仅能为水稻生长提供足够的肥力，还能增加稻田土壤透气性，有效减少病虫害，增加微生物数量，使产出的水稻品质更佳。2018 年 5 月，秸秆还田机得到了国家知识产权局的专利授权，并被推广到省内多地。

　　通过实施水稻+鸭蟹共养+黑木耳立体循环农业栽培模式和创新

秸秆还田技术，生产出的绿色有机稻米，很符合现代都市人喜好绿色有机食品的消费心理。村民宋日盛说："这些年，合作社提供种子和技术，让我们农民多赚了不少。"为把好绿色质量关，合作社统一发放稻种、有机肥，购置和自制拖拉机、播种机、旋耕机、插秧机、收割机等30台（套），为社员统一提供机械化作业服务，以高于市场的价格统一收购，再通过合作社的优质稻米加工厂提供统一加工包装等服务，还从农民手中流转土地再雇农民种植与管理，也使农民们从一份工作中获得两份收益。

在大家的共同努力下，2021年，合作社实现年经营收入6000万元，带动订单农户6000户。在绿色理念的引导下，这里的农民不仅可以"稻花香里说丰年"，享受绿色丰收之乐，还能在种养过程中享受绿色生态之美，"听取蛙声一片"！

（作者系辽宁省政协委员，民盟本溪市委副主委，本溪市红十字会专职副会长）

让群众感到政协离自己很近

张宏智

2022年5月25日下午，铁岭市银州区园林雅居社区的会议室里，响起阵阵热烈的掌声和社区居民的叫好声……

这热闹的场景源于社区的一场《民法典》知识讲座，主持会议的王月来了个开场白："告诉大家一个好消息，经过政协委员的努力，市公交公司终于在我们园林雅居设站点了，大家坐公交不用走那么远了。还有社区心愿墙上反映的在楼梯安装扶手，方便老年人、残疾人上下楼的心愿也实现了，银州区政协近期就派人给我们安装！"

随后，市政协委员中从事法律实务工作的高新、郭昕宇为居民讲解《民法典》中大家关注的问题。

"我在农村买了两所农民住房，都是私下里签订的协议，没法办理过户手续，请问合同有效吗？""我国的宅基地属于农民集体所有，宅基地的使用权是集体经济组织成员享有的权利，你的前房主卖房子，损害了集体经济组织的利益，所以合同是无效的。"

"老人去世后留下的房子无人继承，房产怎么处理？""无人继承又无人接受遗赠的遗产，归国家所有，用于公益事业；如果是集体所有制组织成员的，比如村集体组织的，归村集体组织所有。"

在一问一答的讲解中，两位委员将《民法典》带到群众身边，带进群众心里。

苏轼曾有词云："试问岭南应不好，却道，此心安处是吾乡。"心安的前提是居安——居住环境好，居民才心安，心安才能安居乐业。

"我是银州区政协主席王戎，也是协商议事组的组长，这是我们第二次活动了，借讲座这个机会，我和大家说几句话。前段时间，我们通过调研得知这里的供暖不是很好，主要是生物质燃料燃烧值低；再有居民吃水一直是抽的地下水，水质不是特别好，所以下一步，我们议事组的几个委员，想和铁岭天信集团进行协商，改成集中供热，接入大供热管网，希望能把这事给解决了，让大家在这里居住得更安心、更舒心。"

"真是太好了，太感谢你们了！"居民们纷纷回应，近两个小时的讲座，在热情的互动和更多的不舍中结束……

协商议事组根据社区群众的需要，组织开展经常性的、群众喜闻乐见的各类活动，在开展活动中了解民情、体察民意，真正为老

百姓解决急、难、愁、盼问题。

目前，铁岭市政协县（区）联络指导委员会已按照"辽事好商量，聊事为人民"协商议事活动要求，将专委会的 20 名委员划分到银州区辽海屯园林雅居、凯旋社区以及铁岭县平顶堡建设村、团山沟村 4 个协商议事组。为使活动设计更合理，每一组都安排了中共党员、党外委员，每个小组都尽量确保有两名同志为一个单位或一个党派，便于研究工作和商量事情。

谈起初衷，市政协县（区）联络指导委员会副主任赵明辉说："我们就是想把活动开展起来，让委员深入到乡村、社区，让老百姓能看见我们，让群众感到政协离自己很近！委员就在身边！"

[作者系铁岭市政协委员，铁岭市政协县（区）联络指导委员会主任]

让"辽事好商量"之花开遍铁岭大地

冯 智

今天，我来讲讲"辽事好商量，聊事为人民"协商议事活动是如何在铁岭遍地开花的。

一场恰逢其时的春雨

2022 年年初，在铁岭市政协九届一次会议上，我向全体政协委员郑重承诺：要让"务实"成为新一届政协的鲜明底色，切实为增进百姓福祉实实在在做点儿事。正当我为怎样做好工作感到困惑的时候，省政协组织省、市、县三级政协委员开展"辽事好商量，聊事为人民"协商议事活动，这犹如一场春雨，立刻解开了我心中的谜团，让我迅速有了工作思路。

经过反复思考和认真研究，我觉得"辽事好商量"就是习近平总书记提出的"有事好商量"在辽宁的具体实践，它有太多的益处：落实政协党组成员联系党员委员、党员委员联系党外委员、主席会议成员联系基层委员、专门委员会联系界别委员等制度，解决了谁来联系、怎么联系的问题；在协商议事室建立临时党组织，解决了如何实现"两个全覆盖"的问题；推动政协协商与基层协商有机衔

接，解决了协商什么的问题；委员撰写提案、反映社情民意信息，解决写什么、从哪儿找线索的问题；巩固党史学习教育成果，解决为群众办实事的问题；开展习近平新时代中国特色社会主义思想理论宣讲，解决向谁宣讲、宣讲什么的问题；坚持建言资政和凝聚共识双向发力，解决如何更好地履行凝聚共识职责的问题……没有找不到的答案，只有想不到的问题，它就是一把"万能钥匙"，让基层政协拨云见日、豁然开朗。省、市、县三级政协联动，共同打造一个工作品牌，这本身就是一件了不起的创举！

组织委员大下基层

解决了认识问题，关键就是要行动。经过反复推敲，我们迅速形成了工作方案，4月6日，我主持召开了"辽事好商量，聊事为人民"协商议事工作启动会议，强调：一是弄清楚委员下去干什么。

要求不另起炉灶，不增加基层负担，不搞形式主义，利用村、社区现有的党日活动和村民议事会的固定时间，一个季度开展一次协商议事活动。组织全体委员做好三件事情：解读百姓普遍关心的惠民政策、协商百姓需要解决的身边小事、反映百姓急难愁盼的共性问题。可以通过集中宣讲、座谈交流、走访调研、民主协商等多种形式开展，可以在工作室内、广场里、树荫下、炕头上等不固定场所，让协商议事走入"寻常百姓家"，唠家常、微协商、解难事、聚共识，让群众感受到委员就在身边。二是在乡镇和街道成立"委员之家"，同步成立临时党支部，由乡镇街道党委副书记兼任主任。大家在"委员之家"学习理论政策，交流履职体会，每季度活动一次，交流如何写提案、信息，交流学习习近平总书记关于加强和改进人民政协工作的重要思想，把"委员之家"打造成政协委员学习、履职和落实各项联系机制的平台，有效落实党的建设"两个全覆盖"。

会后第二天，我带领调研组到银州区龙山乡七里屯村和铁西街道居然社区协商议事工作室调研。作为委员，我也是协商议事组的普通成员，我与村、社区负责同志探讨协商议事与解决群众实际问题的路径和办法。同时，其他几位副主席兵分多路，到所在的工作室，向社区和村负责同志征求意见。目前，市、县两级政协已成立协商议事工作组 363 个，省、市、县三级政协 1907 名委员，就近编入对应的协商议事工作室。到 4 月 30 日，全部开展了对接活动，建立了协商议事工作群 363 个，有的工作组已经开展了两次活动。

让"好商量"热起来

"好商量"活动一启动，便迅速进入升温状态。到 6 月中旬，市政协征集到村、社区以及群众反映的问题 88 件，其中有 12 件得到了快速解决，比如七里屯村回迁居民办理房照、居然社区闲置广场垃圾堆放、电业社区弃管楼老旧冒水、园林雅居社区设置公交站点、文荟社区宣传板老旧破损等问题……此外，还有 15 件正在协商解决的问题以及 61 件需要协商解决的问题……

"没开展'好商量'活动以前，我们专委会主任最愁的就是党支部活动，委员分散在各个单位，很难有效组织党建活动，'两个覆盖'很难落到实处，现在问题都解决了。"联络指导委主任张宏智说。

"现在委员写信息的多了，社情民意信息质量也有了提升，主要是委员通过协商议事活动调研更加深入了，委员写的《加紧解决园林雅居小区集中供暖问题的建议》得到市委书记的批示，引起了市领导重视。"负责信息工作的研究室科长王晓峰说。

"一场民法典讲座，解决了百姓许多法律方面的困惑，也让我们老年人了解了防诈骗知识，真是太及时了。"园林雅居居民说。

"下水井冒水很长时间了，又脏又臭，居民意见很大，矛盾很激烈，现在修好了，真是太感谢政协委员了。"电业社区居民说。

"我现在有事就找区政协王戎主席，打电话给王主席快成我的习惯了，我都有点儿不好意思了。"园林雅居社区书记说。

"锯响就有末"，这些生动的场面，说明我们的活动已经初见成效。我已下定决心，将"辽事好商量"作为本届政协一干五年的重要举措，切切实实为老百姓办点儿实事，为基层社会治理做点儿实事，解决服务群众最后一公里问题。

随着"辽事好商量"活动的不断推进，委员走进社区、走进乡村、走进群众的实践活动将会更加深入。我相信，将会有越来越多的实际问题得到解决，也将会涌现出更多的工作典型和成型的工作经验。我们将适时组织县区政协主席和更多的委员开展学习观摩，推动"辽事好商量"活动在辽北大地上落地生根、开花结果！

（作者系辽宁省政协委员，铁岭市政协党组书记、主席）

大连美丽乡村的蝶变之路

李国辉

崭新的房屋鳞次栉比，网红旅游景点各具特色，旅游观光木栈道蜿蜒向前，休闲文化广场上游人漫步……

旅顺口区小南村，这个曾经因地处生态涵养区而闭塞的村庄，被"抹"去了无人问津的"尘土"，在焕然一新中迎来了一批又一批游客，也完成了从经济欠发达村到全国休闲美丽乡村的华丽转身。近年来，小南村坚持绿色发展理念，以生态为本，以文化为魂，大力发展以集体经济为主导的特色旅游产业，探索出了一条极具特色的美丽乡村振兴之路。

2000年，新一届小南村两委班子为了当好"穷家长"，深入田间地头、农户家中了解村情民情找出路，最终把带领村民增收致富的希望落在发展乡村旅游业上，提出了"打造辽宁乡村旅游第一村"的长远发展目标。2007年起，小南村开始开发建设占地30万平方米的七彩南山景区，先后投资1200万元，与中科院种子研究所合作开发建设了国内首个"太空植物王国"；投资4000万元建起大连市首家蝶恋花蝴蝶园，使之成为目前东北地区蝴蝶品种最多、规模最大、蝶文化内容最丰富的蝴蝶产业园区；建设了以影视文化产业为主的"闯关东影视基地"，逐步将旅游观光、休闲度假、民俗体验、游览

购物、餐饮住宿、四季采摘融为一体，打造小南村乡村旅游综合体，被评为大连 6 家乡村游示范基地之一。

近代历史和传统民俗在小南村交汇融合，留住了乡村的文明之光，也为当地旅游产业注入了灵魂。小南村对见证了中国"半部近代史"的"水师营会见所"和"松树山堡垒"等文化遗址做足文章。深入发掘有着 140 多年历史的"大糖火烧"、老干柞黄酒、小南村元宝豆腐等传统美食，并将其申请为国家非物质文化遗产。同时，把传统民俗舞蹈鞭扇舞重新编排搬上舞台，赋予其时代精神，留住民族传统记忆。

项目建好了，更要管好。小南村向先进地区学习，创新管理经营模式，先后成立了多家旅游公司，并与周边旅游景区打造经营联盟，形成了"资源共享、客源共享、品牌共享"的大旅游格局，带动配套住宿、餐饮业规范升级。

小南村大力鼓励村民发展第三产业，引导村民建成农庄饭店 12

处、果蔬采摘园 21 个、农副产品加工厂 12 个、农家民宿 8 处、农家超市 10 个，逐渐形成了产业发展、集体经济壮大、农民致富的良性互动。

村民的腰包鼓了，笑容也绽放了。村委会先后投资 1000 多万元，在全村新修采摘路、旅游观光木栈道、村民健身场所、星级厕所、村史馆、游客接待中心，完善医务室、咨询服务室和农产品销售集市等，投资 600 多万元修缮了"水师营会见所"和"松树山堡垒"等古迹，这些构建起具有独特文化内涵的多元化旅游业态。

围绕发展乡村旅游产业，小南村不仅解决了当地剩余劳动力就业问题，还先后推出村民每年免费体检、免费旅游等活动，建立起小南村一整套幸福指数保障体系。好家风进家庭、新乡贤进小南、志愿服务进楼院等"三进"活动，中国农民丰收节、"唱游辽宁"等丰富多彩的文体活动也在小南村活跃起来。

未来的小南村将迈着稳健的步伐，在乡村振兴的道路上阔步前进，破茧成蝶。

（作者系大连市政协委员，大连旅顺口区政协党组书记、主席）

袁存泉和他的"甜蜜事业"

刘远会

在抚顺清原，提起袁存泉，可谓是家喻户晓。1996 年 1 月 15 日，袁存泉赶着牛车上山拉柴火，下坡时牛疯跑起来，为了保护车上同伴，来不及闪身的袁存泉被重重的牛车压倒，昏死过去。

当醒来时，尽管雪还是那么洁白，山还是那么可亲，天还是那么辽阔……但他，澎湃的青春力量竟再也支撑不起自己的生命之躯，连医生都断言，高位截瘫的袁存泉活不过两年。

命运多舛，强者自强。袁存泉没有被厄运击倒，他凭借顽强的毅力开始用嘴叼笔自学写作。手不能拿笔，就让母亲在稿纸下面垫一个硬板，然后放在枕头旁边，他转过头用牙齿咬住笔杆，往往这样一"写"就是一天。

刚开始时，字没写出几个，顺着笔流下的唾液已经把纸弄湿一大片。由于笔在嘴里长期摩擦，他的口腔常常血肉模糊。因为要侧身写作，夏天里，患褥疮的臀部都硌得露出了骨头……功夫不负有心人，袁存泉的作品开始陆续在报刊发表，相继出版了长篇小说《冰凌花开》、个人文集《让生命歌唱》、书信集《心之飞鸿》。他也先后荣获清原县十佳青年、抚顺百姓雷锋、辽宁省"道德模范"、中国好人、第十二届"爱心奖"、全国助残先进个人等荣誉称号及奖项，受到党和国家领导人的接见。他的事迹也先后被中央电视台、新华社等数十家媒体宣传报道。

为了回报社会，志在千里的袁存泉开始投身公益，创建爱心团队，设立慈善基金。20 年来，他发起助医、助学等活动 240 多次，募集款物 240 万元，开展助残项目，为数以万计长期卧床的病友免费寄送褥疮膏。以残弱之躯贡献社会，他常年活跃在助残、助学、助医、助困、助农等公益事业上。

2019 年，恰好我接到县委宣传部安排创作"社会主义核心价值观"题材微电影剧本的任务。因为和袁存泉是好朋友，他的一举一动我都格外关注，接到任务的那一刻，一帧有关袁存泉"甜蜜事业"的微电影在我的脑海中浮现。

为了创作出接地气的作品，第二天，我就驱车赶到了大山里的存泉家。八月的黑瞎沟，山间开满了山花，存泉家的后院 100 多个蜂箱有序地摆在地上，上万只东北黑蜂成群飞舞。袁存泉就像这辛勤的蜜蜂，用爱心浇灌的"甜蜜事业"正在山野间散发着爱的馨香。

拍摄的过程紧凑而有意义。化妆、摆造型、试镜、走场……一幕幕场景至今还记忆犹新。为了拍出效果，拍出爱的深度，连续几天超负荷工作让袁存泉有些吃不消。我们很急，存泉也急，几次试镜，我们都感觉他有点儿虚脱，只能停止拍摄。晚上回到家里，我看到他给我的微信留言："今天清晨 5 点多，来了两拨求助的朋友，说话多了，早上我就感觉肺部明显不适。其实这些年，我萎缩的肺部限制了我说话的功能，有时说话比用指骨节一个一个敲字还累。没完成今天的拍摄真对不起大伙儿……"

微电影的最后一幕是：2017 年 12 月 13 日晚，第十二届全球爱心奖颁奖典礼在香港科学园举行，颁奖典礼现场，袁存泉在母亲的帮助下高高举起奖杯……

　　一个医学已经断言只能活两年的重度残疾人，却因爱将生命拉长，因爱让世界盈满花香。透过屏幕，我仿佛看到清晨，存泉送蜂的面包车在青山绿水间奔驰，蜜蜂在花间飞舞，村头有坐着轮椅的残疾人满含期待的遥望……

　　（作者系抚顺市清原满族自治县政协委员，清原县文联副主席）

逅库让大连的工业遗产活起来

曲　洋

　　大连有着长达百年的重工业基础和传统，大量的工业遗产记录了大连人民曾经为新中国的诞生、共和国的发展壮大做出的卓越贡献。

　　如何在城市发展的同时留住历史根脉，将工业遗产列入城市更新计划，讲好独属于大连的文化故事？经过多年探索与实践，大连给出了自己的答案——在大连北岗街，有一座北欧建筑风格的四合院式创意产业园。园区包括东西南北四幢二层建筑，聚集了设计师工作室、服装品牌展示空间、艺术展览中心等30余家创意空间，同时配有美食餐厅、咖啡馆、共享花园，这个融合东西方文化特点，艺术、创意、美学展览的空间集合体，有个动人的名字——"逅库"，意为邂逅心灵、邂逅创意、邂逅青春。

　　这里聚集了很多有梦想、有才华的青年，他们用作品展示美学，用品牌表达个性，用创意创造财富。每一家工作室都极富个性，比如市民可以专注于活字印刷的时光印迹体验馆，亲手制作一枚铅字书签，一张古法花草纸卡；比如在火焰的加持下创造神奇的玻璃艺术体验馆，通过1200℃高温下的"手指舞"，玻璃棒轻松变身艺术品……

原大连冷冻机厂铸造工厂化身主题展览馆

谁能想到，浪漫而现代的逅库原本是 20 世纪 70 年代的大连泥瓦工具厂，改建后的逅库很多地方还保留着工业时代的痕迹，比如铁制楼梯、管道、水泥操作台、公共外走廊等。

大连在工业遗产开发使用上的成功案例还有很多，位处大连西南路的冰山慧谷智慧综合产业园是大连冰山集团原址。

20 世纪 30 年代，以制冷技术起家的大连冷冻机厂在此建厂，形成了制冷、制热、余热余压利用上下产业链为一体的产业基地。1994 年，大连冷冻机股份有限公司走上集团化发展道路，组成大连冰山集团。

搬迁后，原址里有老厂房 46 栋，总面积 18 万平方米。冰山人毫不犹豫选择了保留根脉、活化园区之路——在保持老厂区空调车间、铸造车间等整体格局不变的基础上，通过翻新、织补等手段，把老工厂打造成科技与文化的创新生态圈。

原大连冷冻机厂铸造工厂化身主题展览馆，老车间被改造为研学教室，老设备成为教具，传送管道成为共享屏幕……自 2021 年 6 月 1930·冰山工业文化展览馆开馆以来，半年间累计接待万余人次参观。

以打造工业文化为核心的创意集群和冷热能源创新应用为核心的科技赋能平台为目标的冰山慧谷，既着眼于工业文化的传承，又着眼于工业人才的聚拢，得到了越来越多的关注，特别是 6 米高、25 吨重的装甲巨兽大 IP"熊北北"入驻"熊洞街"，引入元宇宙、尖叫文化、赛博朋克等最新流行时尚，迅速拉高了人气。

不仅仅是逅库和冰山慧谷，大连已对多处工业遗产进行保

大 IP 巨熊北北入驻冰山慧谷

护与开发："钢铁故里"金二街变身特色街区漫街，大连第三橡胶厂原址改建成大连梧桐院，上海家化大连工厂原址上建设大连和舍艺术工厂，大连旭染织有限公司旧址变身大连 729 艺术空间，大连港开放了老码头景区，都是有益的尝试。

大连首批工业遗产保护名录包含优秀工业遗产 13 处，其中旅顺船坞（现为辽南船厂厂区）、大连冷冻机厂铸造工厂、大连造船厂修船南坞位列国家级名录。如何保护和利用这些工业遗产，助力城市的更新改造，是政府和众多工业企业、专家学者们一直认真思考的课题。大连市多位政协委员从不同的角度撰写相关提案，提出很多有益思路。2022 年 5 月 26 日，大连市政协法制委牵头，举办"走进界别群众，畅叙百年风华，汇聚青春力量"活动，深度调研大连部分工业遗产的保护与开发，政协委员亲身感受工业遗产在历史传承、旅游创意、活跃经济方面的"活力"与"热度"。

让老厂房"新"起来，让老机器"活"起来，让钢铁"锈带"成为生活"秀带"，留住历史根源，增强文化自信，大连一直在努力！

（作者系大连市政协委员，共青团大连市委副书记）

吃粮种田　养蚕赚钱

纪家祥

丹东凤城市属大陆性季风气候，冬冷夏热，四季分明，年平均气温7.7℃、降水量950毫米，无霜期170天左右。优越的地理环境为凤城市发展柞蚕业奠定了基础，使其成为全国乃至世界柞蚕茧生产三大基地之一。近年来，凤城市的柞蚕产业不断向科学化、生态化方向探索，逐渐走上一条生态放养之路。

经过多年改造，凤城市柞蚕场生态环境得到了极大改善。一类蚕场由20世纪80年代的35万亩增加到近100万亩，三类蚕场由20世纪80年代的近70万亩降到10万亩，近20年累计建设标准化柞园50多万亩。目前凤城市柞园面积已达150万亩，柞园生态环境大幅改善，不断向良性循环方向发展。

科学化、生态化养殖的背后，是强大的技术支撑。作为中国现代柞蚕科学研究和世界野蚕研究中心的辽宁省蚕业科学研究所，就坐落在凤城，

研究所一直在柞蚕实用技术研究的各个领域，引领中国乃至世界的行业发展方向。5 项国家发明奖、2 项国家科技进步奖及 7 项省部级一等奖等重大科技成果，构成了中国柞蚕生产的核心技术。20 年来，凤城市完成的省级以上科技成果 30 多项，撰写论文 100 多篇。

稳定又不断增长的经济效益使养蚕队伍不断壮大。凤城市 100% 的乡（镇、街道）、93% 的村及 88% 的居民组都放养柞蚕，近 2 万户农民以放养柞蚕为主业，正常年养蚕 1.7 万把左右，产茧 1 万吨左右，柞蚕茧产量占全国总产量 18%、全省总产量 20%、丹东市 75%，全市农民放养柞蚕正常年景直接收入约 4 亿元。蚕农骄傲地说："吃粮靠种田，花钱靠养蚕。""种地带放蚕，一年顶两年。"

巨大的增值空间进一步拓宽了柞蚕业发展渠道。随着科学技术的发展和人们对生活质量要求的不断提高，柞蚕资源的综合利用得到了迅速发展，养蚕不仅限于缫丝织绸，柞蚕的各个变态期——柞蚕蛹、柞蚕蛾、柞蚕卵在食用、药用、保健及农业等方面的应用越来越广泛，农民的养蚕效益和柞蚕业总体效益不断提高。目前，凤城市已拥有一个包括柞蚕制种、放养、蚕茧储存、蚕茧缫丝、蚕蛹加工利用、柞蚕场更新薪材等在内较完备的产业链，拥有 13 家蚕茧加工企业，年加工蚕茧 2000 吨左右，生产柞蚕丝 50 吨、缫丝蛹 1300 吨，年加工生产蚕丝被 5 万床左右，全市柞蚕产业全链条产值超过 10 亿元。

践行"绿水青山就是金山银山"的发展理念，凤城市立足于林地资源、技术资源、地理环境等独特优势，引导蚕农走生态放养之路，不断提升蚕业规范化、专业化和产业化水平，柞蚕产业呈现出新的生机和活力，成为农民致富的"金钥匙"、农村经济发展的新引擎。

（作者系丹东凤城市政协委员，丹东凤城市政协副主席）

本溪人有个 211 包车组

洪景龙

在山城本溪，7 路 211 包车组可谓家喻户晓——这是改革开放以后，本溪公交打造的一个响当当的服务品牌。1978 年，本溪市汽车公司开展劳动竞赛，7 路 211 包车组在竞赛中脱颖而出，被评为市先进包车组。

1980 年 3 月，211 包车组被团中央授予学雷锋先进集体；1982 年，211 包车组的先进事迹被拍成电视报道剧，在全国播出。

随着 211 包车组的知名度越来越高，本溪市也掀起了学习 211 包车组的热潮。到 1984 年，211 式包车组已经发展到 125 台，占全公司总车数的 75%。1984 年到 1986 年，211 包车组连续三年在优质服务竞赛中获得全国先进，乘务员刘桂秋在表彰大会上做了经验介绍，并受到党和国家领导人的接见。

那么 211 包车组到底好在哪儿呢？据当时的驾乘人员回忆，211 包车组各项考核指标从来都是名列前茅，高质量的服务更是一大亮点，乘务员们业务精湛，堪称"活地图"。她们坚持每天早上 6：30 到 7：00 固定播出当天的天气预报，介绍本溪的风土人情、宣传本溪旅游景点，对特殊群体服务主动热情、周到细致。她们以精细化、特色化和个性化的高品质服务赢得了乘客的广泛赞誉。

如今，50 年过去了，随着岁月的变迁，城市公交系统已经发生了翻天覆地的变化。211 包车组虽已载入史册、尘封历史，但其精神仍然在客运人中代代相传。他们秉承"辛苦我一个，方便千万客"的服务宗旨，用实际行动传承着 211 精神。多年来，集团先后涌现出公交 3 路、7 路、15 环路、16 路、17 路、18 路等一批"雷锋号"和 10 余名"本溪好人"、100 余名星级驾驶员，他们用满腔热情服务八方宾客，用真心真情播撒着爱心，为山城发展贡献力量，让文明之花一路绽放。

滚滚车轮书写着山城客运的今与昔，代代客运人为本溪的进步与发展传递着文明与希望。在新时代的征程上，勇于进取的客运人将继续弘扬和践行雷锋式"211 精神"，继承发扬先进包车组的"211 精神"，接力前行，永续奋斗，不断打造更多优秀服务品牌，塑造更多的星级员工，让雷锋式"211 精神"焕发新时代的光彩，在创建全国文明城市的奋斗历程中，不断续写客运发展史上新的华美篇章！

（作者系本溪市政协委员，本溪客运集团董事长、党委书记）

百年废弃矿坑崛起国际赛道城

杜晓林

2001 年 12 月，阜新被确定为全国唯一的资源枯竭城市经济转型试点。这座因煤而兴的城市，开启了漫长的转型之路。

新邱区露天矿是阜新"百里矿区"中的第二大露天矿。1897 年，这里曾开采出阜新的第一锹煤。随着煤炭去产能政策的实施，剩余的 10 家矿山企业于 2018 年年底全部关闭退出，120 年的煤炭开采就此终结，留下了十几个大型废弃矿坑和十多座荒无人烟的煤矸石山。

矿山环境的修复治理是一道世界性难题，没有成功的经验可借鉴。因此，探索煤炭工业转型，开展矿山环境修复治理，成为阜新转型发展的重大课题。

2018 年，北京中科盛联集团公司入驻阜新，成立阜新中科盛联环境治理工程有限公司。年近六旬的环保领域专家金跃群博士带着技术团队来到阜新，在半年的实地调研勘察后，他们给这位"百岁患者"开出了 54 贴药方：以环境治理和生态修复为出发点，用科技手段处理煤矸石等矿山废弃物；遵循边治理、边开发、因地制宜的原则，利用现有地表肌理建设赛道城……

2019 年举办的首场国家级越野汽车赛事，让阜新市找到了探索

转型的新路子和谋求振兴的新希望。当地的老百姓都说，金博士带着"金点子"把废弃矿坑变成了"聚宝盆"，将一座死气沉沉的没落废弃地变成了一座充满生机朝气的未来城——百年国际赛道城。

在"生态产业化、产业生态化"可持续发展创新模式的指引下，阜新市在修复治理废弃矿山的同时，利用原有地形地貌和生产作业路，建设种类齐全的赛道集群，以汽车赛事为核心，建设集专业汽车赛道、汽车测试、智慧科创、数字经济、文体文旅等多元集成的赛道城，为百里矿区生态修复和生态环境治理开了个好头，为中国矿山环境治理提供了新思路，也为中国特色的资源型城市转型发展提供了可推广、可复制的典型示范案例。

"2018年刚刚来到这里的时候，环境十分恶劣，矿坑里面残留的煤炭资源长年自燃，形成十多座'大火坑'和'火焰山'，硝烟弥漫、乌烟瘴气，对周边空气环境造成严重的污染。周围的居民走的走，搬的搬。当时想招人都招不到，来的人很多，一车又一车，但是想留下来做事的人没有几个。"看到这里生机勃勃的景象，金博士难掩激动。

截至2021年底，阜新百年国际赛道城已成功举办十余场大型国家级赛事活动，其中全国大型巡回音乐演唱会——草莓音乐节，也

在百年赛道城拉开帷幕，成为国内首场矿坑音乐节。阜新市百年国际赛道城项目更是被评为全国第一批 36 个生态环境导向的开发（EOD）模式试点项目之一，成为辽宁省唯一入围的项目。

曾经百年矿坑，如今国际赛道！阜新，这座煤电之城如今又有了新的城市名片——赛道之城！

（作者系阜新市政协委员，阜新市工商联副主席）

《辽海散文大系·鞍山卷》诞生记

冯 丹

《辽海散文》（前身系《辽宁散文》）由著名散文家文畅先生自筹资金主办。2013 年，《辽海散文》鞍山版创刊，为鞍山的散文创作者们提供了更广阔的创作窗口和对外交流平台。

创刊号发表了文畅、薛家柱、蒋子龙、高洪波、孙惠芬、李成汉、萨仁图雅等 26 位作家的作品，办出了"国家级"的味道，在散文类期刊中脱颖而出。在这些脍炙人口、激情四射的优秀散文作品中，有深切的人文关怀，也有执着的独立思考，又有沉潜的艺术探索，不只为鞍山，更为辽宁散文事业的发展奠定基础。一大批文学新人在这片园地茁壮成长，在国内外的文学艺术领域取得可喜成就。

在出版《辽海散文大系·鞍山卷》过程中，我有幸成为编委中的一员。

2017 年，鞍山的散文爱好者齐聚一堂，合议《辽海散文大系·鞍山卷》的编辑出版。这是鞍山地区散文爱好者的共同心愿。在稿件征集工作中，编委会收到的稿件大大超出了预期，发来文稿的既有知名作家，也有十几岁就出版散文集的文学少年，还有夫妻同创的会员……他们都有优秀文章问世，或有作品集出版，一些业余作者也积极响应。

历时三年，《辽海散文大系·鞍山卷》终于出版发行，收录了来自鞍山百余名作者的 109 篇美文，共 40 余万字。这些作者是活跃在鞍山文坛的生力军——

既有文坛宿将，也有刚出茅庐的新秀，还有战斗在生产一线的工人、农民。入选的一百多篇文章，感情真挚、个性鲜明、风格多样，成为提升鞍山文化软实力不可或缺的优秀品牌。

更为难能可贵的是，《辽海散文大系·鞍山卷》的所有编辑人员都是志愿者，利用业余时间参与编辑——没有一文报酬，只因心存一份对文学的热爱。本着为每一位出资者负责、为读者负责的态度，参加编辑的人员深感责任重大。像珍爱自己的眼睛一样对待作者文章中的字字句句，怀着无比神圣的使命感，编辑每一篇入选文章。每一次编辑都力求精雕细琢，追求完美无瑕。

组编《辽海散文大系·鞍山卷》的难忘日子，是我人生最愉快的时光。我与散文界的前辈朋友经常在一起，或喝茶，或聊天。他们的博学、厚道、智慧，总让我感到与他们交朋友实在是人生幸事，也让我看到鞍山的散文创作文脉绵延，代不乏人，未来大有希望！

（作者系鞍山市政协委员，鞍山海城市三江电力有限公司副经理）

新中国普法从这里走来

陶　晶

1981 年，本溪市在全国率先开展全民普法宣传教育，实施依法治市，为全国各地普法依法治市做出了示范，被称为"全国普法依法治市发源地"。

率先提出普法宣传

20 世纪 80 年代初，本溪社会治安形势严峻。本溪市司法局通过组织开展社会调查，分析违法犯罪率居高不下的原因——当时公民法律知识缺乏，法制观念淡薄。对此，本溪市司法局向市委提出在公民中开展法制宣传教育的建议。本溪市委于 1981年初做出了在全市公民中开展"八法一条例"

1984 年《本溪日报》关于司法部在本溪市人民文化宫召开"全国法制宣传现场会"的报道

155

宣传教育的决定，一场轰轰烈烈的普法宣传教育活动在本溪铺开。

经过三年的普法宣传教育，本溪社会治安形势明显好转。这引起了中央和国家有关部门的高度重视。1984 年 6 月 5 日至 7 日，司法部在本溪市人民文化宫召开了"全国法制宣传现场会"，全面总结推广了本溪的普法经验。1985 年，司法部向全国人大常委会提交了普法"一五规划"草案并获通过。中共中央、国务院转发了《关于向全体公民基本普及法律常识的五年规划》的通知。1986 年，开始了"一五普法"。从此，本溪普法教育的星火在全国各地点燃。

率先启动依法治市

1986 年，本溪市依法治市第一个五年规划启动，组织开展了依法治厂（矿）、依法治校、依法治县区（乡镇、街、村）、依法行政、依法治警、依法治检、公民依法维权等活动，建立了学有所专的政法干警、律师、法学教师组成的"法制理论讲师团"。全市机关

1992 年 3 月 20 日，召开本溪市结合农村社教、推进依法治村经验交流会

干部全部参加普法考试，县级以上领导干部、企业领导干部、大中专学生、乡镇干部相继完成"十法一例"的学习任务。在农村，建立了由村干部、中心户长和有一定文化水平的党（团）员1200多人组成的农村普法依法治理"法律明白人"队伍，对农民进行普法宣传。全市83%的大中型企业、91.3%的乡镇（街道）建立了法律事务室，72%的市政府职能部门建立了法规处（科）。至此，本溪市法制建设走向一个更广阔的领域。

普法，永远在路上

历经普法宣传、依法治市、法治政府建设，由普及基本法律常识向学习专业法律法规转变，再向实行"谁执法谁普法"普法责任制规范，本溪市建立健全国家工作人员学法用法制度，加强青少年法治教育，实施"法律明白人"培养工程，通过"法治频道""宪法广场""普法栏目剧"全方位普法，连续四次被评为"全国法治宣传教育先进市"。

进入新时代以来，本溪市坚持把全民普法和守法作为全面依法治国的长期基础性工作，创新法治宣传教育方式，弘扬社会主义法治精神，建设社会主义法治文化，全面启动"八五"普法，法治本溪建设成效显著。市民法律意识、法治素养普遍增强，政府依法行政水平普遍提升，社会治安持续良好，治安发案、命案发案全省较低，人民群众安全感、满意度达96%，社会大局持续稳定。

千川汇海阔，风好正扬帆。本溪新一代普法人已接过接力棒，继续谱写新时代普法事业的新篇章！

（作者系本溪市政协委员，本溪市委政法委副书记，本溪市法学会党组书记、常务副会长）

营商环境建设 "加码提速" 的密码

郑士杰

法治化营商环境的优化升级关乎企业生存，也是提升城市发展软实力与核心竞争力的必然要求。作为朝阳法院法治化营商环境建设工作的亲历者和见证者，我清楚地感受到了近两年的变化——立足审判职能，依法保护各类市场主体合法权益；强化调解、审慎执行的理念营造了和谐社会环境；优化涉企系列诉讼服务，让企业立案越来越快捷省时，解纷效率越来越高、成本逐渐降低，营商环境建设不断 "加码提速"。

近年来，朝阳市出台《朝阳市中级人民法院为企业提供司法服务十七条措施》《朝阳市中级人民法院法治化营商环境建设 2022 年工作方案》等文件，强化制度保障，细化任务分解，确保全面提升诉讼服务水平，为企业纾困解难。增设涉企诉讼服务专门窗口，开通涉企立案 "绿色通道"，对涉企案件实行 "容缺受理"，努力做到 "一次办、马上办"，提高解纷效率、降低企业解纷成本。

此外，朝阳市设立法官会见涉企案件当事人场所、法律释明判后答疑场所、院领导接待会见涉案企业负责人场所。通过全面推进网上立案、跨域立案、网上调解、电子送达、庭审云平台、12368 热线等服务功能，让当事人 "走进一个厅，事情全办清"，最大化满足

当事人的司法需求。

朝阳市持续开展"百名法官进百企"包联服务活动，两级法院员额法官对辖区 400 余家规上企业和 5 亿元以上重点项目实行"一对一"包联服务，通过走访调研与企业家进行沟通交流，征集意见建议，帮助企业解决"痛点、难点、堵点"问题。组织召开"推进法治化营商环境建设服务保障企业发展"民营企业家座谈会，向辖区 323 家规上企业开展问卷调查活动，了解企业司法需求。建立"院企联建—互助共享"联络群，开展法律宣讲，与 300 余名企业负责人及工作人员互动交流，帮助企业解决发展难题，为保护民营企业合法权益提供精准司法服务。

法治是最好的营商环境。朝阳法院系统时刻将"人人都是营商环境，个个都是开放形象"的理念贯穿本职工作始终，妥善处理好每一起涉企案件，为朝阳法治化营商环境建设提供强大司法保障！

（作者系朝阳市政协委员，朝阳市中级人民法院司法行政装备管理科副科长）

东北第一个中共基层党支部

孙 放

中共沟帮子铁路支部遗址，位于沟帮子经济开发区站前社区馨和园小区西侧，属砖石结构瓦房建筑。这里是辽宁乃至东北境内最早的基层党支部——中共沟帮子铁路支部诞生的地方。

1907 年，天津铁路当局在沟帮子设立了机车修理厂，陆续从唐山制造厂调入大批工人。从此，沟帮子铁路工人队伍很快发展壮大起来。

1922 年 10 月，中共唐山地委发动罢工前夕，共产党员徐炳衡来到沟帮子铁路机车修理厂进行联络，通过组织工会，动员铁路工人捐款，支援唐山工人罢工。此后，中共唐山地委、北京区委先后派人到沟帮子宣传马克思主义、新民主主义革命的进步思想。1924 年初，沟帮子铁路分工会在沟帮子扶轮小学办起了工人夜校，为工人学习文化、传播马列主义提供场所。

1923 年，唐山铁路南厂的共产党员欧阳强来到东北，进入锦州机务段机器房当钳工。他同沟帮子铁路机车修理厂的共产党员冯昌、程海华等取得联系，于 1923 年下半年建立了中共沟帮子铁路党小组。

为了更广泛地开展革命工作，欧阳强除在沟帮子机务段活动外，还来往于锦州、沟帮子、营口之间，进行秘密活动。沟帮子火车站是北宁路（北平至辽宁）关外段的一个枢纽站，欧阳强不断在工人中进行革命宣传，提高工人的思想觉悟。1923年8月，京奉铁路总工会沟帮子分会成立，会员多达80余人……

1929年末至1930年初，中共满洲省委在沟帮子领导了一场工人争"花红"的斗争。所谓"花红"，是旧中国资本家为了刺激工人的劳动积极性，将企业利润的一部分以"额外报酬"的形式在年终发给工人。可是1929年底，铁路当局决定对北宁路关外各站停止发放年终"花红"，连12月份的工资也不按时发放，引发工人抗议。

中共党组织对工人的"花红"斗争十分重视，中华全国铁路总工会制定了《北宁路罢工计划》，发出《为加紧年关斗争》的通告。斗争爆发前夕，中共满洲省委书记刘少奇亲自到沟帮子巡视工作，指导这一斗争，并对斗争的策略、方法做了明确指示。

经过充分酝酿和准备，一场铁路工人争"花红"斗争，在北宁路关外各站爆发。最后，铁路当局被迫答应了工人提出的条件，沟帮子铁路工人争"花红"斗争取得了完全胜利。

1927年8月，在中共沟帮子铁路支部领导下，青年团支部成立。1930年3月，沟帮子支部改为中共沟帮子铁路特别支部，先后建立起沟帮子、大虎山、彰武3个党小组，党员发展到10余名。1931年2月，在党的领导下，北宁路工人在沟帮子召开关内外代表大会，开辟了工人斗争的新局面。

2016年，沈阳铁路局对沟帮子铁路支部原址进行了全面修复，建成了中共沟帮子铁路支部纪念馆。该馆占地面积1800平方米，展览面积660平方米。室外建有一个宣誓广场、两大主题雕塑。室内分为四个陈列展厅："东北第一党支部"展厅、"党支部发展历程"展厅、"党支部制度建设"展厅、"党支部典型引领"展厅。纪念馆场景复原 7 处，共收集布展史料图片 1000 余张，展品百余件。

中共沟帮子铁路支部的建立，在中共东北党史上具有划时代意义，是党的建设和发展历程的光辉一页。作为东北地区重要的革命遗址类博物馆，中共沟帮子铁路支部纪念馆如今已成为加强党员干部教育和开展爱国主义教育的重要场所，向每一个来到这里的人讲述沟帮子铁路党支部在长夜里点燃革命星星之火的故事……

（作者系锦州北镇市政协委员，共青团北镇市委书记）

用像章和雕塑建起一座馆

陈 德

有生以来，我为两件事感到无比自豪：一是在我 43 岁时，成为全国政协委员；二是我用自己收集的 30 余万件红色藏品，创办了全国最大的毛泽东历史珍藏馆。

小时候，我就喜欢收藏。在毛主席像章流行的年代，我走上了像章收藏之路——这种爱好与父亲潜移默化的影响是分不开的。我的父亲是老兵，曾在 1957 年全军大比武中荣获前三名，受到毛主席的亲切接见并合影留念。那张合影后来成为我们家里最珍贵的照片。

自我懂事时起，父亲便开始给我讲很多有关毛主席的故事。数十年来，我跑遍祖国的大江南北，痴迷于收藏毛主席像章、有关的历史文物及珍藏品，藏品多达 30 多万件，其中收藏毛泽东像章多达 6 万余种、20 余万枚……

2001 年 12 月 26 日，在大连市委、市政府的支持下，在社会各界的帮助下，全国最大的毛泽东像章陈列馆正式成立。2012 年，该馆被升级改造成大连金石滩毛泽东历史珍藏馆。

坐落在大连金石滩黄金海岸线旁的毛泽东历史珍藏馆，面积 3500 平方米，设毛泽东历史珍藏品陈列馆和毛泽东像章陈列馆两个分馆。毛泽东历史珍藏馆现为中国革命纪念馆专业委员会成员单位

和辽宁省党史学习教育基地，再现了毛泽东主席一生的光辉历程，展示了中国共产党相关历史重大事件。

习近平总书记指出，用好红色资源，传承好红色基因，把红色江山世世代代传下去。大连金石滩毛泽东历史珍藏馆通过其特有的红色主题文化展示，发挥红色文化教育功能，面向社会开展红色旅游，面向机关企事业单位开展党史学习教育培训，面向大中小院校开展研学活动，为促进红色文化传承发挥了重要作用。

作为一名全国政协委员，我时常告诫自己不要计较个人得失，要多做对社会有意义的事，要多做对人民有意义的事，要把更多精力投入到关注民生问题和辽宁经济社会发展各项事业上来。我们要继续做好红色收藏，让红色基因代代相传！

（作者系全国政协委员，丹东凤城市政协副主席）

"随叫随到" 的 "北方高炉之王"

邱庆欢

2022 年，正值辽阳石化建厂 50 周年。50 年来，辽阳石化始终传承红色基因，形成了以"七尺布、站排头、北方炉、硬骨头"为内涵的"辽化精神"。我要讲述的，正是"北方炉精神"的代表人物——李玉民——的故事。

曾任辽阳石化原化工一厂总工程师、副厂长等职的李玉民，是全国劳动模范、全国"五一劳动奖章"获得者、全国"八五"科技攻关先进个人。他个子不高，声音不大，往人堆儿里一扎，就是个朴实厚道的"老工人"。可提起李玉民这个名字，绝对是无人不知、无人不晓，特别是他和洋专家打赌赢了一瓶威士忌的故事，至今仍为人们津津乐道。

1986 年，辽化乙烯装置改造。公司计划利用 1986 年、1987 年两次大检修时机，完成装置由 7.28 万吨/年到 9 万吨/年的扩能改造。李玉民认为 1986 年的工程量可以多安排一些，给后面多留出一些时间。可是，当他在谈判桌上大胆地提出这一设想时，法国德希尼布公司总代表勒贝尔——这位走遍世界、建过 40 多台裂解炉的专家——一听，就明确说道："李先生，你完不成！"李玉民反复说明自己的依据和作业安排。最后，勒贝尔说："这太大胆了！我们打赌，如果能按你的计划完成，我甘愿输给你一瓶威士忌酒。"

勒贝尔笃定的语气激起了李玉民的斗志，有庞大的数据和扎实的研究支撑，李玉民坚信自己的方案一定能实现。

就这样，李玉民抱着为国争光的决心，在最短的时间内高质量完成了乙烯装置技术改造。1987 年，装置改造完成，勒贝尔到辽化参加开车，对李玉民说："中国人，了不起！"他从皮包里拿出一瓶从法兰克福买的精装威士忌酒递给他。李玉民大胆实践、敢于突破的精神也被升华为"北方炉精神"，写入辽阳石化的史册。

1993 年末，李玉民到了退休年龄，他向领导表态说："只要企业需要，我随叫随到！"简简单单一句话，赤诚奉献一片心。从此，他成了"编外总工"，一干就又是 10 年。

1995 年 11 月，李玉民率队攻关、指挥建设的国家"八五"重大

科技项目——"北方炉-II型"裂解炉一次开车成功，至今运转正常。

2002年2月，由于装置事故，聚乙烯新线被迫停车。李玉民临危受命，40天完成了现场设备、管线等评估和装置抢修、恢复生产的重任，装置一次开车成功，至今平稳运行。2002年12月，他指挥乙烯精馏塔施工安装，每天都要在80米高的塔上爬上爬下，最多时一天爬三个来回。精馏塔顺利建成交工，李玉民真的退休回家了。临走，他还是那句话："我，随叫随到！"

2007年，裂解装置扩能改造。74岁高龄、刚做完直肠癌手术的李玉民主动到现场给出建议。"工人都和我关系好，有啥拿不准的事儿就叫我去，说你坐着不动都行，你在，我们就安心。"

李玉民平时话不多，一说起车间的事就滔滔不绝。为了把自己几十年的建炉经验和心血留在企业，他精心梳理，写出27篇、近50万字的技术报告和论文，全部交给厂里。有几篇论文后来发表在国家级刊物上。

李玉民总说："辽化的事儿，不给钱也得干。"在他退休的这些年里，有很多私企高薪请他做顾问。他却说："我得在辽化时刻准备着。"

让李玉民终生难忘的是，1984年10月1日，他作为劳模代表登上了北京天安门国庆观礼台，看到威武雄壮的盛大阅兵式，看到祖国改革开放和现代化建设取得的辉煌成就，心潮澎湃的李玉民心想："只要我活着，就要为国家石化行业发展做贡献！"

一种精神，代代坚守。辽化人不会忘记李玉民和"北方炉精神"——这将激励一代代辽化人锐意进取、求真务实、大胆实践、敢于突破，奋力开创企业和地方经济高质量发展新局面。

（作者系辽阳市宏伟区政协委员，辽阳石化公司党委宣传部企业文化高级主管）

萧军故里寻富路

王亚凤

90 年前，一部《八月的乡村》点亮民族觉醒的火苗；90 年后，一座"八月乡村"播撒乡村振兴的种子。在萧军故里，一场别样的丰收景象正在上演……

萧军，中国现代文学家从这里走出

1907 年，萧军出生在凌海市沈家台镇下碾盘沟村。1932 年，化名"三郎"的萧军在哈尔滨正式开始文学创作。经过将近一年的努力，萧军完成了表现东北人民革命军抗日斗争的长篇小说《八月的乡村》。

1935 年 3 月 28 日，鲁迅在《八月的乡村》序言中满怀深情地写道："不知道是人民进步了，还是时代太近，还未湮没的缘故，我却见过几种说述关于东三省被占事情的小说，这《八月的乡村》即是很好的一部。"

萧军一生对鲁迅怀有无比诚挚的感情，他视自己为鲁门弟子，以传承鲁迅的衣钵为己任。

毛泽东称萧军是一个极其坦白豪爽的人

在延安期间，萧军以职业作家身份常住杨家岭后沟和兰家坪的陕甘宁边区文化协会。在他交往结识的延安人物中，萧军与毛主席的交往比较密切。在刚接触的几个月当中，他们时常在一起谈论时局，讨论文学艺术，对延安的一些现象谈自己不同的看法。

萧军在延安一住就是六年。这六年时间对萧军而言，是他人生道路上的一段重要时期。萧军在此期间写下了内容丰富的日记，对于当时政治文化传统的建立，具有不可忽视的重要价值。

萧军为人为文豪放率真，他用真诚追求真理。他骨子里的倔强和从不服输的性格，正是我们民族精神的真实写照。一个世纪后的今天，这种精神仍感召我们在乡村振兴事业中勇往直前、奋力拼搏。

这是一片神奇而美丽的土地，一代代凌海人一直在这里拼搏、奋斗、耕耘。同是丰收季，近一个世纪的时空距离，阻隔不断民族复兴魂魄的传承；同是黑土地，豪杰辈出，从不缺乏引领时代潮流

的先行者。被文学雨露滋润着的这片土地，因一个美丽农场的诞生，扮靓了"八月乡村"的全新容颜……

2018年，以"八月乡村"命名的家庭农场正式创立，农场以富硒小米为主打，集农业、文化、红色旅游、教育"四位一体"，带动周边农户"一村一品"分散经营，促进项目区农业增效、农民增收。

除主营优质小米以外，农场还经营干豆腐、红薯粉条、纯蜂蜜、笨鸡蛋、黏豆包等具有山区特色的多种优质农特产品，实现了生产、加工、产品包装和线上线下联合销售的全链条服务。目前，通过线上电商平台和线下供销社已销往全国各地，打造成多位一体化的农业产业示范基地。经过三年的努力，"八月乡村"家庭农场在自己发展壮大的同时，帮助当地那些不能外出务工的妇女实现在农场就近务工，让她们足不出镇实现增收致富。

萧军故里寻富路，雏凤清于老凤声。未来，我将紧跟乡村振兴的步伐，用自己的青春和汗水浇灌"八月乡村"这片嫩绿的禾苗茁壮成长！

（作者系锦州凌海市政协委员，锦州凌海市沈家台镇八月乡村家庭农场场长）

关向应从这里走上革命道路

于永铎

　　关向应是从大连走出来的无产阶级革命家、忠诚的共产主义战士、优秀指挥员，1946 年病逝于延安，毛泽东主席亲手写下"忠心耿耿，为党为国，向应同志不死"的挽词。然而，在我二舅姥爷心中，关向应还是他的发小，是那个义无反顾冲破包办婚姻枷锁，走上革命道路的热血青年。

　　在二舅姥爷的讲述中，关向应是个侠肝义胆、刚直不阿的人。那是 1922 年的一天，关向应看见一个日本警察在毒打中国学生，勇敢地冲上去，摔倒了行凶的日本警察，救下了被打得奄奄一息的中国学生。

　　关向应读过许多书，有时，还招呼我二舅姥爷一起去普兰店图书馆借书读。有一次正赶上下大雨，关向应就把褂

171

子脱下来包紧书，夹在胳肢窝里，两个人光着膀子一口气跑了20里地。回到家后，关向应顾不上擦身上的雨水，打开褂子先看书淋湿没有。二舅姥爷感慨地说："致祥（关向应）真是把书看得比自己的身体还重要。"

后来，当地为日本殖民当局办事的维持会会长找到关向应的老爹，希望这位远近闻名的大才子能到维持会来做事，条件待遇都是一等一的优越。关向应却坚决拒绝了。老爹张罗着为关向应求了一门亲事，关向应急火攻心，气得直掉眼泪，他跟我二舅姥爷说："读了那么多的书，不就是为了反封建吗？不就是为了寻找自由吗？谁承想竟然要以身成全封建了。"关向应不服气，就和老爹闹。老爹比他还倔，你闹你的，我办我的，看胳膊能不能拧过大腿。眼看着娶亲的日子临近，关向应嚷着要离家。老爹一把锁把关向应锁在屋里：想逃婚？门儿都没有！关向应冷静下来，想了几天，厘清了前行的大方向，也找到了人生的目标。

那天后半夜，关向应捅开门锁，悄悄地溜出了屋子。转过身，看着眼前的三间茅草房，月光下显得那么的苍老和孤独，仿佛年迈的二老。关向应的眼圈红了：这一走，不知什么时候才能回来。他朝茅草房深深地鞠了一躬，轻声说："再见了，奶奶！再见了，爸妈!"

关向应逃婚了，逃得无影无踪。婚礼在即，老关家抓了瞎。二舅姥爷回忆："致祥他爸几天间就急白了胡子。"二舅姥爷开始后悔自己参与了关向应的逃婚。他发誓，无论如何也得把致祥兄弟找回来。二舅姥爷说到做到，他抬腿就走，起早贪黑地赶往大连市内找人。几经周折，终于在泰东日报社找到了关向应。一见面，二舅姥爷就劝他回去完婚。

关向应说："哥，我要的是有感情的婚姻，我要的是自由的婚姻……"

　　关向应铁了心不回家。二舅姥爷恼了，抬腿就走出了泰东日报社。没想到此别竟成永别，哥俩儿余生再也没有机会相见。冥冥之中，关向应因为这场包办婚姻而彻底地打碎了身上的枷锁，走上了革命的道路。

　　为了纪念老一辈无产阶级革命家关向应，1964年，金县（现金州）政府在向应街道大关屯建起了关向应纪念馆。关向应纪念馆先后被授予"全国爱国主义教育示范基地""全国首批百家红色旅游经典景区""全国民族团结进步教育基地""全国青少年教育基地""国家AAAA级旅游景区"等，成为大连市乃至辽宁省重要的红色资源、红色阵地，成为党史学习教育的主阵地，关向应同志的丰功伟绩、红色基因和红色血脉也从这里源源流淌……

　　（作者系大连市金州区政协委员，作家）

筑梦蓝天展宏图

韩爱民

2016年2月3日，由中国东方航空执飞的上海——营口MU7526航班如矫健的鸿雁划过湛蓝的天空，平稳降落在刚刚启用的营口兰旗机场。从这一天起，营口兰旗机场正式通航，几代营口人终于圆了蓝天梦！

营口最早的飞机场是1924年2月由时任东三省航空处总办的张学良倡导修建的五台子机场。该机场位于营口大辽河入海口左岸、西潮沟外，面积约5万平方米，以航邮为主，有民航飞机5架，开辟了"奉天—营口"航线，是中国民航邮运之始。1924年3月1日上午10时45分，张学良乘机从奉天（今沈阳）飞抵营口视察，飞行近两小时，安全着陆，试航成功。"九一八"事变后，五台子飞机场被日军占领使用，而后又在熊岳修建了大铁军用机场，为其服务。1945年，日

本投降后，五台子机场、大铁军用机场相继废弃，另作他用。

自五台子机场弃用后，营口人机缘梦断，开始了长达几十年的追梦之旅。改革开放后，营口经济飞速发展，城乡面貌发生了翻天覆地的变化，同时也迎来了建设民航机场的难得机遇，营口人再一次燃起了圆梦的激情与希望。

2016年兰旗机场建成开通后，营口交通开启了海陆空立体化时代。通航六年来，营口兰旗机场开拓进取，从最初的1条航线、1个通航点，一路风雨兼程、披荆斩棘，攻克了一个又一个难关，目前已累计运营航线22条，通航城市24个，安全运营55776余小时，航班起降达到1.53万架次，旅客吞吐量达到131.4万人次。2016年、2017年和2019年旅客吞吐量分别突破了10万、20万和40万人次，旅客吞吐量增幅在省内支线机场名列前茅。2020年，兰旗机场率先在东北地区支线机场开通国内全货机航班。2021年，国家重大科技基础设施"航空遥感系统"顺利通过国家验收并在营口机场正式投入运行。一组组数据的刷新，记录着营口机场的飞速发展，承载着营口人追梦途中苦尽甘来的欣喜。

鲲鹏展翅九万里，鹰击长空正当时。营口兰旗机场将充分发挥区域优势，强化与京津冀、长三角、粤港澳大湾区、成渝城市群、长江中游城市群等重点地区的航空联系，稳步增加与省会城市、旅游城市等重点机场的直达航班，持续构建西进、南通、东拓、北连、干支联动的"五维辐射"航线网络，加快航空货运航线开发和客运航线腹舱带货业务拓展，积极打造区域航空物流转运中心。同时，进一步完善通用航空运营和服务保障体系，推动通用航空产业协同发展，实现公共运输航空和通用航空"两翼齐飞"。

（作者系营口市政协委员，营口机场有限公司董事长）

一笔双钩字　百米长卷情

张　强

作为大洼区"一笔双钩"非物质文化遗产的项目传承人，李世文几十年如一日利用自己的闲暇时间，坚持不懈以伟人著作为范本，抄写百米长卷，成为域内抄写伟人著作作品的"第一人"。

一笔双钩，又名空心字，指以软笔或硬笔等书写工具单线直接写画出某种字体，是中华汉字一种独特的书写方式，具有"空、灵"之美。此书写方法起源于唐代，至今已有一千多年历史。宋代大诗人陆游就曾有"妙墨双钩帖"的佳句，称颂"双钩"之神韵。

李世文把对生活的热爱付诸笔端，以笔作画，以字传情，默默书写着一名非遗传承者的家国情怀。李世文的创作，是从1994年开始的。当时，他以《邓小平文选》为范本，一点一滴地尝试用软硬笔进行隶书抄写，里面博大精深的思想内涵，让他越写越难以释手，越写越有激情。不知不觉，四年时间过去了，他终于抄写完《邓小平文选》一至三卷。达60万字、500多米的作品一经完成，即被盘锦市总工会、盘锦市人事局等单位联合认定为"盘锦一绝"项目，为他颁发了"盘锦市特殊人才"证书。

2001年1月，他又开始尝试用硬笔行书抄写《毛泽东文集》一至八卷。这一写，又是四年。

社会的认可，加快了李世文艺术创作的脚步，他不再满足于隶书和行书的抄写。2017 年 10 月 18 日，恰逢党的十九大胜利召开，在聆听了习近平总书记所做报告之后，他内心很是激动。深思熟虑之后，他决定用"一笔双钩"的形式，抄写《习近平谈治国理政》等书籍。在这个目标的激励下，他几乎每天都坚持抄写近 4 个小时，

节假日和休息日也大多用在了长卷抄写上，以抄为趣，以写为乐，乐此不疲，如痴如醉。历经 4 年时间，终于在 2021 年底，完成了《习近平谈治国理政》第一卷、第二卷、第三卷和《习近平总书记系列重要讲话读本》的抄写，每百米一卷，共计 30 余卷，形成了宽 0.35 米、总长 3600 多米的恢宏长卷。

对李世文来说，写字的过程，既能加强自身对理论知识的学习，又能陶冶情操。在他家的 10 多个箱子里，珍藏着他近 30 年的艺术作品，其中百米长卷多达 40 幅，总计超过 5000 米，字数逾 600 万字。他的两幅硬笔书法长卷《中国共产党章程》，已分别被盘锦市大洼区档案馆和盘锦市档案馆收藏。

李世文不仅是一名非遗传承人，还是一名环保志愿者。在世界第 29 个"国际生物多样性日"前夕，他提前两个多月就开始着手抄写 15000 字的百米长卷《生物多样性公约》，他准备将此作品无偿捐赠给国内第一家民间环保组织——"盘锦市黑嘴鸥保护协会"，让更

多人了解环保、支持环保，投身到生态环境保护之中。

一届政协人，一生政协情。即将退休的李世文，已将技艺传给后人，他的儿子和孙女也开始每天坚持练笔。李世文动情地说："非遗文化是老祖宗留给我们的宝贵财富。我们必须保护和传承好，为盘锦经济社会发展贡献自己的一分力量。"

（作者系盘锦市大洼区政协委员，盘锦市大洼区政协文化文史和教科卫体委员会主任）

护城河的历史记忆

边 阳

历史上，城市往往被称为"城池"——"城"代表着高大厚重的城墙，"池"指的就是护城河。辽阳的护城河始建于公元1372年，是保卫辽阳府的重要城防和漕运手段。城墙脚下汩汩流动的河水，哺育了古城人民600余年。河水穿越城中，与两岸散落着的众多历史遗迹和遗址共同见证了岁月沧桑和时代变迁。

中华人民共和国成立后，家乡护城河的防御功能早已不复存在，于是便开始利用护城河的南段和西段建立灌区水系，灌溉下游的千亩沃野良田。随着城市发展，护城河沿岸渐渐布满民居、企业厂房和商贸市场。小的时候，护城河污染严重，蜿蜒曲折的古老河道堵塞、河水浑浊、散发腐臭，人们都不愿意在附近驻足，更别说称其为风景了。

2004年，辽阳市开始对城区内护城河进行全面改造，铺设节流干管8864米，清除护城河淤泥11万立方米、拓宽河道60万立方米，进行清污分流。同时，对护城河沿岸实施了史无前例的综合治理：沿线5.1公里、8万多平方米的房屋拆迁，实施桥梁、道路及绿化造园工程；两岸修建了2米宽人行步道，安装护栏，每隔500米修建一个码头，人们可步行或通过交通工具安全抵达滨水区和水体边缘；沿河建成景观带，建起关帝园、泰和园、新华园、喇嘛园等11个主题园林……古老的护城河，改造后清澈见底、绿色生态、面貌一新，往日的臭水沟已经成为镶嵌在辽阳城区的一条寻根塑魂的银色玉带。

护城河的改造治理，不仅是单纯的生态工程，更是古城保护的文化传承工程。顺着护城河的轨迹游走襄平古郡，在满眼绿色中不时邂逅历史文化遗迹：广佑寺、明长城遗址、关帝庙、文庙、魁星楼……零星散落的文化元素被水系勾连成有机整体。

拥有2300年建制沿革的辽阳古城与中国悠久连续的文明历史有着直接而重要的关联。在漫长的历史长河中，古城人民创造出丰富多彩、弥足珍贵的历史文化遗产。护城河的改造，保存了历史记忆，延续了城市文脉，水系和绿带恰好成为串起历史遗珍的丝线。

护城河环水景观带，以护城河为纽带，结时代气息于一体；以历史为主线，以古典风格为基调，将民俗融入人文景观之中。置身其中，可以在关帝园中赏桃园结义、辽城史迹、奇峰飞瀑、老树逢春、跌水驳岸、梨园新曲、游鱼出听，亭台廊榭足间驻，两岸嫩柳披上拂；也可以在泰和园中游假山兀立、流水潺潺、小岛俊秀、甬路幽深，亭台廊榭掩映在苍槐翠柳之间，曲栏带桥沟通于环湖活水之上，放眼皆是景，步步显繁华；更可以徜徉在护城河畔的人行步道，曲径通幽，槐柳拂堤，跨河小桥，形态各异，远观高楼林立、青砖碧瓦，近赏小桥流水、倒映成双，片片锦鳞游，菁菁水草曳。孩子们在护城河岸边嬉戏玩耍，老人们聚在一

起聊天、下棋、乘凉、跳广场舞。周围的健身广场上，器材品类琳琅满目，是运动爱好者的好去处……每当夜幕降临，护城河上从北向南依次出现的景观桥梁、灯火闪烁，两岸的霓虹灯媲美着天空的璀璨星辰，置身其中，仿佛有梦回千年之感！

2020年，辽阳市获批国家历史文化名城，护城河环水景观作为辽阳历史的展示带，令水韵古城焕发勃勃生机——今天的辽阳人，正在依托深厚的历史文化底蕴和滨水资源，装点着这条秀丽的母亲河，着眼于继承、发扬太子河畔宜居宜业的生态文明……

（作者系辽阳市白塔区政协委员，民建辽阳市委员会机关干部）

种下梧桐树　凤凰自然来

佟晓平

　　潘俊屹是一位热爱数字科技的"90后"青年企业家，"雄踞龙城，志存千里"是大家对他的评价。学业有成后，他毅然选择回到挚爱的故土——辽宁朝阳。

　　潘俊屹的骨子里透露着果敢、坚毅和执着。有人问他为什么不去大城市创业，他回答："我要回到生我养我的故土去发光发热。种下梧桐树，凤凰自然来！"

　　"大城市有的我要有；大城市没有的，我也要有！"凭着满腔热血，潘俊屹让朝阳市公共基础设施锦上添花——60个公交站、150多块公交站亭LED大屏如蛟龙出海，内置Wi-Fi、智能感光、自动调节人眼保护、5G信号云服务、10秒更换画面、安防系统、视声联动……多项技术均属国内首创，潘俊屹用科技力量点亮了这座小城的夜空！

　　为了打造良好营商环境，潘俊屹开发了"智慧体检"项目，为驾驶员提供初次申领驾驶证、增驾、驾驶证期满换证等多种驾驶证业务体检服务，该服务业务涵盖双塔区、龙城区、朝阳县、凌源市、北票市、喀左县、建平县二手车交易市场及各大驾校。2021年2月正式上线后，"驾驶员智慧体检"项目得到相关单位及市民的一致好

评。通过这一项目，市民群众可以自主完成体检，自助打印体检表，有效提高了办事效率。

2021年，潘俊屹以"古果朝阳"项目为基础，启动"智慧物业"项目生态自主研发，打造数字化"智慧社区"，并提供以"智慧社区"为中心的同城商业O2O系统，更好地服务居民生活。

回顾当初，潘俊屹刚开始创业时手下仅有7人……这些年，他坚持自主培养与引进大城市优秀人才并进，创新创业团队吸纳了本市和外省回朝就业人员近150人，来自北京、上海、深圳等一线城市的人才陆续来到朝阳和他一起创业。如今，公司集研发、营销、设计为一体，成功开发了一批如智慧公交、智慧教育、智慧农业、智慧工业及古果朝阳、古果传媒、古果融媒、朝阳管家等项目。

未来，潘俊屹和他的伙伴们，将会继续加大对"智慧朝阳"项目的投入，为朝阳高质量发展贡献青年企业家的力量！

（作者系朝阳市政协委员，朝阳市工商联副主席）

营商环境"优"无止境

梁春华

行政服务大厅是优化营商环境的主战场，是政府形象的主窗口，也是便民利企的主力军。大连市旅顺口区行政服务大厅自成立以来，始终围绕优化营商环境主题开拓创新。2021年初，旅顺口区委、区政府聚焦分厅多、办事群众多头跑等问题，将行政服务大厅升级为重点民生工程，实施靶向攻坚，先后优化整合社保、医保、户籍等8个分厅，确保政务服务部门及事项100%进驻大厅，并将公共服务及水电气等民生事项一并纳入，实施"一站式"服务，解决办事群众"满城跑""多头跑""来回跑"等问题。

搭好台还要唱好戏。在全面改造硬件环境的基础上，服务大厅围绕企业所想、群众所急，大胆改革创新。推出建设项目"预审批""一张表单"改革举措，30个工作日内可完成"四证一书"的办理；推行《开工意见书》代替《施工许可证》，建设项目实现"拿地即开工"；新企业注册4小时可取得营业执照，并完成税务公章、社保、公积金、银行开户预约业务；全面开展"非接触式"办税；社保医保缴费实现"一窗通办"；政务服务实现"一网通办"，线下"只进一扇门""最多跑一次"。同时，建设了"好差评"系统，运用大数据技术，及时发现政务服务的堵点难点，推进服务供给精细化；设立了"办不成事"窗口，有诉即应、接诉即办，着力解决群

众办事过程中"急难愁盼"问题；与旅顺口区委政法委联合授权全区 538 名网格员为营商环境监督员，实现了 8890 应诉治理机制与"网格吹哨、部门报到"主动发现机制的并轨融合，形成了具有旅顺特色的营商环境监督机制。

确立了"一站式"服务大目标后，大厅工作的视角就往细微处着手、向精细处使劲。大厅设立了咨询台和志愿者服务岗，及时帮助办事群众取号、填表、咨询解答，引导他们使用自助服务平台；对于急需帮助的群众，积极提供"一对一"贴心帮办服务。大厅的角角落落尽显人文关怀：免费提供打印、邮寄服务，为前来办事的群众准备饮用水、便民药箱、爱心轮椅等，并设置共享图书角……

近年来，旅顺口区先后出台优化营商环境、营商助企等 40 多项措施，不断推动优化营商环境综合改革机制健全完善。营商环境之"优"促进了经济发展之"稳"。

公平竞争的市场环境，让创新更有动力，让创业更具活力；高效廉洁的政务环境，让流程更精简，让服务更贴心；公正透明的法律环境，让监管更有力，让制度更完善；开放包容的人文环境，让梦想更有归属，让城市更有温度！

（作者系大连市旅顺口区政协委员，旅顺口区营商环境建设局副局长）

葡萄园里的"袁隆平"

张　宁

一位脚上沾着泥土、头上顶着星辰的农民，在阡陌中走了 40 年，一直走到人民大会堂的领奖台。他就是全国劳动模范、全国科普惠农兴村带头人、"辽峰"葡萄之父——赵铁英。乡亲们都亲切地称他为葡萄园里的"袁隆平"。

这样的人生，需要怎样的热爱和跋涉才能够抵达？

坚信科技力量的赵铁英，在 1994 年承包了 10 亩责任田，史无前例地将庄稼地变成了葡萄园，掀开了传统农业转型新篇章！

他虚心向专家请教，向书本请教，凭着对葡萄种植的热爱和职业敏感，发现一株巨峰的芽变变异植株——从 1999 年起，他用了八年的时间，摸索出整套种植管理方法，研制出"辽峰葡萄"的无核化栽培技术。在接下来的十几个寒暑中，他坚持依靠科技、规范管理、标准化培育生产，总结出辽峰葡萄选育与配套优质高效栽培技术，形成了繁育、种植、销售、仓储、加工全产业链。

2018 年，他为葡萄建造避雨棚，将露地栽培全部改造升级为设施栽培，有效避免了冰雹危害、除草剂等农药污染，抑制了病虫害，提高了葡萄产量和品质。2019 年，以"辽峰葡萄"为主的"灯塔葡萄"成功获得国家农产品地理标志认证。随后，他又投资建设了占地 400 亩的辽峰葡萄基地——成为省级标准示范园、国家化肥农药"双减"试点单位。

成功的路没有一帆风顺的。赵铁英遭遇过洪灾雪灾，葡萄减产甚至绝收；亲人离世，失去得力助手；进行声带手术，发声艰难……但是他从没有动摇过种好葡萄的信心。葡萄越种越好，他也从农民技术员成为高级农技师、高级农艺师。

在赵铁英的带动下，灯塔市种植辽峰葡萄的果农越来越多，他成了果农们的义务讲师。作为灯塔市柳条寨镇葡萄协会会长，他建立农家科普大院，开设培训班，为果农授课，深入到果农的葡萄园中现场指导。乡村的小路上，时常能看到这位古稀老人骑着电动车一路奔行的身影，他的足迹踏遍了灯塔的山山水水。

为更好地传授经验，赵铁英把多年积累的宝贵经验印成《葡萄生产作业历》《辽峰葡萄栽培要点》等实用教程发给果农，解决果农在种植技术上的实际困难。

如今，辽峰葡萄在灯塔市的栽植面积已经超过 12600 亩，年产

量达 2 万吨，产值达 4 亿余元，从业人员超过 12000 人，不仅受到省内消费者欢迎，还远销上海、北京、广州、哈尔滨、长春等地，多次获得国际农博会大奖……以"辽峰"命名的特色小镇随之兴起，小小葡萄已经成为灯塔市助民增收、乡村振兴的大产业。

年过古稀的赵铁英还有两件事要做：一是带动北方葡萄产业高质量发展，二是继续进行产品的优化升级。就像他对前去参观学习的党员干部说的那样："我当上了劳模，就要带领大家过上美好的生活。种葡萄的路还很长，追求高标准，不断创新，才能走得更远……"

（作者系辽阳市政协委员，辽阳灯塔市政协党组书记、主席）

让齐白石画派在创新中传承

苗德志

诗堪入画方称妙，画可融诗乃为奇。齐白石，一个最早的"北漂"，一个挑着担子的农民，终成为世界级的绘画巨匠。他的人生阅历给我们很多启示和心灵的升华——坚定文化自信，做中国人、刻中国印、画中国画、写中国字！

齐白石先生是享誉世界的绘画奇才，他的作品笔墨雄浑滋润，意境淳厚朴实，笔下的鱼虾虫蟹妙趣横生。

谈起我与齐白石先生的缘分，还得从我的姨夫齐育文先生说起。育文先生是白石先生的孙子，他的父亲齐子如先生是我国著名画家，20 世纪 50 年代曾就职于东北博物馆（辽宁省博物馆前身），辽宁省博物馆因此收藏了白石老人近三百件艺术珍品。我小时候经常到育文姨夫家玩儿，他家住在沈阳皇姑屯附近的一处小平房，家中墙上挂着一幅齐白石与周恩来总理在北京跨车胡同白石老宅的合影。我从育文先生口中听到许多关于白石老人的故事。老鼠上油台、雏鸡耍小虫……这些童谣式的画法，成了我学画的最好启蒙。渐渐地，家中各个角落都堆满了我的习作。

后来，经姨夫育文先生推荐，我与哥哥苗德文专程奔赴北京，正式拜在齐白石七子齐良末先生名下——我俩行的是传统拜师礼，

要端端正正地跪下磕三个头。从此，每到寒暑假，我们都要去北京学画。对我们两个远道而来的弟子，良末先生格外认真，言传身教。

三年后，经恩师良末先生力荐，我俩又拜齐白石入室弟子、当代著名画家、北京画院一级美术师娄师白先生为师。就这样，我们哥俩追随两位齐派艺术家40年。

在中国艺术史上，仅有两位艺术家以诗书画印四绝闻名：一位是吴昌硕，而另一位就是齐白石先生。西方艺术大师毕加索曾说："我不敢去中国，因为中国有个齐白石！"毕加索晚年临摹了很多齐白石的绘画作品，足见齐白石艺术的影响力是世界范围的。齐白石的艺术作品还是中国书画拍卖市场的晴雨表，他的山水12条屏作品以近十亿元人民币拍卖成交，成为中国最昂贵的书画艺术品。

近年来，我撰写的评论文章《传统艺术的集大成者吴昌硕》被作为历史文献资料，《也谈齐白石变法》在《人民政协报》、中国网、《澳门日报》、《羲之书画报》等媒体发表。此外，我还撰写了《徐渭》《八大山人》《任伯年》等文章，进一步梳理了从明朝徐渭开创大写意画风，到清朝八大山人进一步丰富大写意风格，再到吴昌硕、齐白石如何突破藩篱，将文人画逐步渗入民间美术，形成了中国大写意绘画四大宗师，而李苦禅、李可染又如何在恩师齐白石等人的基础上发展创新的历史脉络。我的一切所作所为，我的一生，都是为了让齐白石画派在创新中得到传承。

（作者系沈阳市政协委员，辽宁省非物质文化遗产发展促进会会长）

甘作英魂引路人

王春海

　　台安县博物馆馆员杨宁与"烈士"二字有着深厚的情缘——他凭一己之力奔走 5 万公里，遍访 8 个区市的 231 个烈士陵园、216 个村屯，为 447 位烈士找到了回家的路。风吹日晒，旅途劳顿，这些经历让他比同龄人看起来更显苍老，所以我们亲切地称他为"老杨"。

　　时间回到 16 年前，那是 2007 年的夏天，老杨读到一本《抗美援朝铁路抢修史》。读着读着他发现书中记载了一位叫王朝贵的烈士，其家乡竟然是辽宁省台安县。台安是小县，名不见经传。"我县一个小战士居然被写入这么厚的书中。"老杨有一种莫名的兴奋感。第二天，他拿着书来到民政局。经核实，烈士名册上确有王朝贵的名字，出生地是桓洞镇东长村，老杨没做任何思考，骑上那辆"二八"自行车，挎包里装上一瓶水、一块面包、一袋榨菜，直奔桓洞镇。

　　镇民政助理接待了他，问他与烈士是什么关系。他顿时语塞，心想：是啊，我和他什么关系？同一个家族吗？不是一个姓儿。亲戚吗？一百杆子打不着。老杨只得如实道来。民政助理甚是感动，给村领导打电话，做了细致安排。村领导相当热情，对老杨十分夸赞，但提到寻找王朝贵亲人时却遗憾地说："他老伴去世 20 多年了，

192

闺女嫁到外地，村里没有他的族人或亲戚，谁都不知道他的后人在哪儿。"

这次失败没有动摇老杨的信心，经过多方努力，王朝贵的女儿找到了，老杨的一块心病终于得以去除。

2008 年，老杨到吉林省吉安市出差，他习惯性地来到吉安烈士陵园。在陈振国烈士的墓前，老杨惊奇地发现墓碑上刻着"辽宁省台安县达牛堡子人"。回来后，老杨急三火四地到民政局核实，多方打听，找到了陈振国烈士的儿子陈宝双。陈宝双说："我爹死在朝鲜了，怎能埋在吉林呢？你是干什么的？咋知道我爹的事？"

第二天下午，老杨接到了一个电话，电话里传来了陈宝双的声音："我去民政局核实了，你是我们家的大恩人啊，我给你磕头了！"接下来就是"呜呜"的哭声。老杨告诉他们，陈振国在朝鲜战场负了重伤，送回国抢救治疗，因伤势过重牺牲在吉安野战医院，就地安葬。老杨陪同陈宝双父子来到吉安烈士陵园，一看到父亲的墓，陈宝双"哇"的一声哭倒在地。

老杨挎包里总装着两样东西，一本县志、一份民政局提供的烈士名册，走到哪儿带到哪儿。每完成一次寻找，老杨就和烈士家人结下一门"亲戚"，逢年过节互相走动，亲情越来越深厚。

2018 年，台安县委、县政府授予老杨"道德模范"称号；2019 年，鞍山市政府授予老杨"身边好人"称号；2020 年 1 月，老杨被辽宁省委宣传部评选为"辽宁好人"；2020 年 12 月，老杨荣登"中国好人"榜……

老杨的家简陋得有些寒酸，唯一不缺的是写着各种赞誉的锦旗，但他不挂，卷起放在床下，他总说："烈士们把年轻的生命都献出去了，我帮他们寻后人，是应该的。"

（作者系鞍山市台安县政协委员，台安县群团工作服务中心科员）

小市一庄打好资源整合组合牌

李青松

坐落在大山深处的小市一庄是我的家，它依山傍水、鸟语花香，千年灵泉四季流淌欢唱，景色宜人宛若世外桃源；远离都市的车水马龙和喧嚣繁杂，是一个修身养性、静处宜居的好地方！

自 2018 年创办以来，小市一庄把推动乡村振兴作为企业的初心和使命，整合资源打好"五张牌"。

第一张牌

确立"三产融合"运营模式——以点带面，扩大与第一产业和第二产业融合发展成果，增加合作企业数量，主动带动二产促进一产，形成三产互相融合、互相促进的闭环产业链。与本溪田园食品厂、内蒙古草原汇香食品公司合作建设了农产品深加工基地。其中本溪田园食品厂生产的小市一庄手工大煎饼，年销售额近千万元，实现了三产与二产完美融合；通过行业、政策融合，打造同业联盟、异业联盟，资源共享；同时打造小市一庄品牌，深度融合国内知名品牌。

第二张牌

确立"电商农融合"运营模式——与携程、美团、抖音、快手、有赞商城、社群平台相互融合，与网红达人合作，促进流量经济。同时，成立了小市一庄淘源直播供应链基地，专门为网红直播带货和各大平台提供商品供应链。以线下实体平台为基础，把百万客流量引到线上，建立线上流量平台，完善线下与线上相融合的模式，发展网红粉丝经济。打通网红直播渠道，整合厂家产地资源，不但把最好的产品、最优的价格回馈给粉丝和游客，也为当地农民销售土特产提供平台。

第三张牌

确立"文化融合"运营模式——推动创意设计、演出、节庆会展等业态与乡村旅游深度融合，培育文旅融合新业态新模式。以"满乡文化故里"老街和"梦回汉唐"特色文化为主线，以传承地域特色文化为使命，举办各种文化演出、非遗表演、影视拍摄、赛事海选等文化艺术活动，并与"中国好声音"等平台签订长期战略合作协议。利用非遗工坊、传承体验中心等场所，建设乡村非物质文化遗产旅游体验基地。通过"文化融合"模式，形成具有区域影响力的乡村文化名片，有效提升旅游商品开发水平和市场价值，助力乡村精神文明建设。

第四张牌

确立"校企地融合"运营模式——与辽宁大学、沈阳师范大学等七所高校紧密协作，打造人才培养实践基地、开展产学研发合作，为企业长远发展和乡村振兴做好人才储备与智力支持。与村集体合作建立合作社，发展养殖种植行业，扩大增收点，实现双赢。在AAAA景区小市一庄成功带动下，同江峪村被纳入首批全国乡村旅游重点村名录。

第五张牌

确定"医康养融合"运营模式——依托优良的气候和生态环境，在建设美丽乡村的基础上，启动"温泉水世界"和"医康养中心"建设项目，实现健康、养生、养老三个维度产业融合，既满足现代都市人对健康养生休闲旅游的需求，也为本地农民提供更多就业岗位，减少农村青壮年劳动力外流，在不同程度上保障了农村老年人健康医疗需求、经济供养需求、精神慰藉需求和生活照料需求，从而解决了本地农村老年人群的养老问题。成功入驻医康养行业，实现经济效益和社会效益双丰收。

"岁月无痕，星移斗转。时光为镜，共鉴不凡！"我和小市一庄将努力带动更多的村民走上生态旅游高质量发展路，过上幸福美好新生活！

（作者系本溪满族自治县政协委员，本溪小市一庄文旅发展有限公司总经理）

大连有个老兵报告团

徐 隆

平均年龄超过 70 岁，足迹遍及 21 个省的 200 多个市县，先后作革命传统报告近 1.5 万场，1000 多万人次接受教育。走过 30 多个春秋的大连市沙河口区老战士报告团用这样的数字续写着人生履历上的辉煌。这支"红色园丁"队伍把弘扬爱国主义精神作为自己人生的最后阵地，用真诚的信仰传播党的创新理论，宣传党的优良传统，用夕阳的时光谱写了爱国爱党的华彩乐章。

"决不能让无数先烈用鲜血换来的红色江山改变颜色，给青少年讲传统，引导他们学雷锋、树理想、明志向，成为合格的革命接班人！"怀着这样的共识，1990 年 2 月，22 名离休老干部放弃离休后的悠闲生活走到一起，成为大连市沙河口区老战士报告团的首批成员。随着岁月的流逝，亲身经历过浴血革命、艰辛建设的老革命越来越少了，如何让新时代的年轻人把党的优良传统和一系列创新理论理解透、运用好，这是老战士报告团所有成员身上的历史责任。

报告团成员大多是功绩卓越、享受国家优厚待遇的老军人，其中有长征三过草地的老红军张云晓，有延安时期毛主席的警卫员辛克和翻译官金道永，也有全国战斗英雄杨树武和"先遣渡江英雄连"的老排长修湘，更有长期从事军队思想理论工作的"老政工"段云

海和"三五九"旅南泥湾时的老连长王怀惠……原某集团军副政委李光祥将军是老战士报告团的现任团长，这位被授予全国未成年人思想道德建设先进工作者、"辽宁好人·时代楷模"、省道德模范等荣誉称号的老将军，已是老战士报告团的第三任团长。

多年来，报告团成员把关心教育青少年当作离休后最崇高的事业。他们以满腔热血和无私奉献的精神，紧密联系亲身经历，用鲜活的故事，激发未成年人强烈的爱国情感和立志成才、报效祖国的信心和决心，被亲切地誉为"红色园丁"。

老战士报告团成立32年来，坚持讲理想、讲传统、讲道德，重引导、重养成、重实践。报告团成员只讲奉献，不讲索取，只讲服务，不讲报酬，他们坚持用独特的人格魅力引导受众爱国爱党爱社会主义。

老战士报告团成员在革命战争年代，为创建社会主义新中国，立下了不朽功勋。中华人民共和国成立后，为建设繁荣昌盛的新中国继续贡献自己的智慧和力量，把青春年华献给了共和国的建设事业。进入新的历史时期，沙河口区老战士报告团把关心下一代、情系未成年人健康成长作为服务宗旨，义无反顾地肩负起社会责任，全身心地投入到关心教育青少年的崇高事业中，表现了崇高的思想境界和道德情操。他们的奋斗精神、优良作风、知识经验、威望影响，仍然在各个领域起着十分重要的典范作用。他们用自己的实际行动，践行着为共产主义奋斗终身的誓言，成为大连市爱国主义教育实践中的一支重要力量。

（作者系大连市沙河口区政协委员，大连新闻传媒集团交通广播主持人）

高鹏振与《义勇军誓词歌》

王子静

"起来！起来！不愿做亡国奴的人们！民族已危亡，山河已破碎，留着我们头颅有何用？拿起刀枪，携手并肩，冒着敌人的枪林弹雨往前冲，用我们的身躯筑起长城！"

听过这首《义勇军誓词歌》的人，都会觉得这首歌与国歌十分相似，心中不禁要问："其作者是谁？为什么能写出如此有气势的歌曲？"

今天，我要给大家讲述的就是这首歌的作者——著名抗日英雄

高鹏振的故事。

1898年8月10日，高鹏振出生于辽宁省锦州市黑山县歪脖山屯"高家大院"（现旧址仍为高家后人居住，2015年7月，黑山县人民政府在高家大院门前立碑——"抗日将领高鹏振出生地旧址"）。他从小就有报国之志，中学毕业后，考入沈阳文会书院深造。由于家庭变故，中途辍学回乡帮助父亲打理家业。文武双全的高鹏振不久被推荐到当地自卫团任职，其间为补充自卫团经费而做镖行生意，并创建了武装组织——"仁义德绿林会"。

"九一八"事变爆发后，面对日军的侵略暴行，高鹏振毅然决定组织义勇军抗日，并于1931年9月在黑山县英城子乡组建起两三百人的抗日队伍，取名"镇北军"。高鹏振创作的《义勇军誓词歌》，被词作家田汉发现后，以此为蓝本创作了《义勇军进行曲》歌词，黑山县英城子乡也因此成为新中国国歌素材发源地。

1931年11月下旬，日军第一次向辽西进犯，高鹏振部救国军与日军展开了激烈战斗，取得重大胜利。12月30日，日军逼近锦州，东北军撤往关内。高部救国军对大虎山至通辽线上的十家子车站发起进攻，击毙日军20余人，一度切断大通线。

在此期间，原东北军汤玉麟部上校、炮兵总监耿继周回到家乡沈阳组织抗日队伍，被东北民众抗日救国会编为第四路义勇军，耿为总司令。当时沈阳被日军占领，民众抗日情绪高涨，地处前线的第四路抗日义勇军声势尤为浩大。为联合抗日，高鹏振部东北国民救国军也加入第四路义勇军，被编为第一旅，高鹏振为旅长，但有独立活动之便利。1932年1月4日夜，耿继周组织第四路义勇军袭击了新民县城。高鹏振率部攻入城内，占领了日本领署、电话局等要害部门，打开监狱释放了200余名被关押的爱国者。破袭新民后，高鹏振率部回师西进，继续与日军作战。

1932年12月，一个农民气喘吁吁地跑到高鹏振的司令部报告说，约 15 华里远的五台子村附近来了一股日军骑兵，声言要血洗该村。原来在前一天，一支勘察地形的日军小部队在路过五台子村时，遭到村内民团开枪示警，日军未敢进村，第二天日军派出大部队前来报复。时值寒冬腊月，天气奇冷，高鹏振接到报告，立即率领骑兵冒着寒风向五台子急驰而去。接近该村时，只见数十匹战马拴在村头由哨兵看守着，其余日军已进村。高鹏振将部队分成两个部分，一支队伍先向日军战马和哨兵冲去，消灭了哨兵，将马匹打惊后驱散，然后与另一支队伍合围着向村内冲去。村内的日军听见枪响，欲冲出村外寻找战马，被迎面而来的救国军打个正着，双方展开激战。

这次战斗后，日军恼羞成怒，派兵抄了高鹏振的家，放火烧毁了高家房屋，将高鹏振的父亲抓到警察署严刑拷打，高父不久死去。高鹏振的独生子高小山在乡亲们的掩护下免遭杀害，后被送到彰武县亲属家，改名张汝隐匿下来。

1937 年 4 月，高鹏振在战斗中手臂负伤，转移到彰武县一朋友家养伤。此时，日伪当局到处张贴布告，悬赏缉拿高鹏振。6 月 23 日，高鹏振经过一里保屯（今属彰武县丰田乡）附近一片黑树林时，被叛徒枪杀，时年 39 岁。

（作者系锦州市黑山县政协委员，锦州市黑山县英城子乡邮政所职工）

国潮涌动天津街

卢万涛

很多到了大连的辽宁人，都会提到一个地方，那就是天津街。

天津街，大连的百年老街，它的历史可以追溯到 1906 年。那年，在大连的浪速町（今天津街一带）出现了第一家商店，也就是浪速劝商场。

1930 年的大连商店街浪速町

浪速劝商场成为天津街商店街的发祥地，之后，大连人口急剧增加，城市规模迅速扩大，商店数量显著增多，浪速町的吸引力也越来越大，类似的商店雨后春笋般出现，商店街的面貌逐步形成。

1946 年，浪速町改称合作街；1949 年，更名天津街。改革开放后，大连天津街人气越来越旺，群英楼、山水楼、苏扬饭店、糯米香、四云楼，狗不理包子、王麻子锅贴、马家饺子，文物店、新华书店，国泰、天百、天伦……个个生意红火。直至 20 世纪八九十年代，天津街的热闹和繁华达到鼎盛。每到周末，大连人就会坐着电车从四面八方来"街里"逛。外地人来大连，天津街是必去的。天津街一度和北京的王府井、上海的南京路同列"中国十大著名商业街"。

2001 年到 2004 年间，天津街进行了历史上最大规模的改造，迁走了 3.6 万名居民，高楼大厦取代了临街小商铺，大百货代替了个体户。改造完成后，由于高层建筑过多、业态单调、功能不全、历史气息不浓等原因，人气上升慢，不少商家因经营压力先后退出。2004 年，国泰、天伦被拍卖；2006 年，新中国第一家国有大型商业企业天百大楼宣布闭店；2017 年 6 月，新世界百货关门；同年 12 月，天植商场也宣布闭店……天津街"空"了，"寂"了，没了烟火气。

近十几年间，复兴天津街的呼声一直没有停过。这里多次举行活动，邀请"老字号"回驻，办夜市、打造小吃街、搞研讨会……但天津街的人气仿佛一个叛逆期的孩子，离家出走之后，迟迟不肯回归。

2022 年夏天，一匹黑马横空出世，作为天津街提升改造系列惠民活动的开篇，"国潮涌动天津街"活动高调启幕。一夜之间，天津街"活"过来了！

每天从下午开始，百年老街上便人头攒动。穿着汉服，提着古式灯笼，漫步在 150 米长的有着独特视觉体验的光影天幕之下，走在特色十足、令人垂涎的各色餐饮摊前，打卡天津街上最时尚潮流的文创品牌，聆听歌手乐队一场比一场精彩的表演，在机甲巨兽"擎天牛"前留张影，和发现王国的巡游表演来一场互动，看一场最新上映的露天电影，在专设的电子影像簿里寻找自己的笑脸……当"国潮"文化遇上百年老街，竟发生了奇妙的化学反应！

天津街上人头攒动

在市民游客的强烈呼吁下，"国潮涌动天津街""青春不散场"等主题活动不断加码，任何年龄段的辽宁人都会在这里找到共鸣。

与此同时，大连天津街的提升改造方案也面向社会公布：通过升级改造地下通道、增设信号灯、拓宽人行道、增设智慧斑马线、智慧化停车位等，让交通更智慧；通过路面铺设马蹄石、改造周边大厦外立面、拆除影响街区形象的牌匾和台阶等，让街区更生动；通过打造特色鲜明的商业主街与副街，引入新的潮流项目，让布局更优化；通过安装裸眼 3D 屏幕、设置数字体验空间、建设开放滑板场、设计涂鸦墙等，让特色更鲜明；通过改造水电管网、实现无线网络全覆盖、配齐智慧便民服务设施等，让设备更完善；通过推出"街区 9 条"扶持政策，降低企业运营成本等，给予更多的优惠——未来的百年商业老街，将更具烟火气、大连味、时尚潮、国际范。

百年商业老街在"国潮"文化的映衬下，正全面恢复生机与活力，以全新的时尚面貌、更深厚的文化呈现书写新的历史！

（作者系大连市中山区政协委员，大连可穗食品有限公司总经理）

穿越千年时光的凌源皮影

李　馨

巍巍南山，青龙河畔，有一个美丽古朴的乡村，"一口道尽千古事，双手对舞百万兵"的凌源皮影戏在这片土地上传唱了千年……

凌源，牛河梁红山文化遗址的发掘之地，散发着浓郁乡土气息的"凌源皮影戏"就是在这片文化沃土上绽放的一朵艺术奇葩。

今天就来讲述一位几十年如一日，守护着艺术奇葩、文化瑰宝的艺人——李树广。

生于1966年的李树广，自幼深受家庭熏陶，爷爷李恩的皮影老师是民国时期著名的皮影艺术家盖喜曾，经过盖老师和父亲李凤儒的悉心教导，李树广逐渐精通了四弦、唢呐、演唱小旦、拿线、顶灯、掌古板，三座全活儿，并且成长为戏班带头人。

在祖辈、父辈的影响

下，17 岁的李树广就开始了皮影艺术生涯，他于 1987 年加入河北省青龙县皮影团工作，1991 年调到河北省乐亭县皮影团，先后参与拍摄皮影戏《红山女神》《三打白骨精》《火焰山》《辽太祖传奇》《红云岗》，并受苏黎世大使馆邀请进行皮影艺术友好交流，参与了瑞士皮影戏《小熊与银针》的演出与拍摄。

李树广的皮影雕刻设计推陈出新，刀法细腻，着色精美，融传统与时尚美感于一体，多件影雕作品于上海中国民间皮影艺术馆、上海世界非遗城皮影馆、安徽滁州中国民间皮影艺术馆滁州馆展陈，多次参加省级非遗中心展演。

正是有像李树广这样一批老艺人的默默守护，凌源皮影才得以传承和发展。

据专家、学者考证，凌源皮影戏属滦州皮影派系，源于宋代，盛行于明清，距今已有千余年的历史。因皮影戏的活跃和盛行，凌源市从 1996 年起三次被文化部命名为"中国民间文化艺术之乡"。2006 年，凌源皮影戏入选首批"国家级非物质文化遗产代表性项目名录"。2011 年，经过联合申报，包括凌源皮影戏在内的中国皮影戏入选联合国教科文组织"人类非物质文化遗产代表作名录"。2019

年 4 月,凌源皮影戏及振声影雕被确定为辽宁省外宣精品项目,成为一张靓丽的文化名片。

目前,凌源市保有皮影箱子近 20 个,班社 14 个,常年活跃在全市城乡舞台上,涌现出一批独具专长的著名皮影艺人,诸如擅长唱"生"的李海魁、张翠荣,擅长唱"小"的黄宝艳、刘兴梅、马秀琴、范春荣,擅长唱"大""髯"的许子林、闫玉忠、王攀,擅长唱"丑"的马占荣,擅长四弦琴演奏的刘景春,擅长"拿线"的薄晓华、马占荣、范艳超,擅长"贴线"的任俊霞、张翠荣等,被业界称为中国北方皮影派系传承发展的一支生力军。

(作者系朝阳凌源市政协委员,朝阳凌源市非遗办公室主任)

打造有温度的"润心服务"

邓丹丹

何为"润心"？顾名思义，滋润心田、沁人心脾。本钢总医院儿科团队就是一支努力为患者打造信赖"润心服务"品牌的队伍。

"服务"是一种修行，只有发自内心，才会走进患者内心。由于儿科患者的特殊性，所有的检查、治疗都需要家属陪护，而大部分儿科患者又是发热等急症。为了让患者家属更快地熟悉诊疗流程，儿科门诊诊室放置有常规检查的路线导航图、发热处理方法和用药原则等提示牌。年轻父母缺少育儿知识，医生们通过医疗小卡片的形式给予家长处理腹泻、喂养困难、生长缓慢、呕吐等方面问题的指导。

针对"一娃一陪护"的疫情防控政策，护士们主动当起"临时保姆"，打水热奶换尿片、哄睡陪玩逗开心都已成了家常便饭。一次，儿科门诊接收一名九个月的小患者，由于发烧咳嗽严重需要输液，没遇见过这种情况的孩子爸爸情绪激动，急得满头大汗，孩子妈妈抱着孩子跟孩子一起哭。当班的护士赶忙耐心安慰，并坚定地告诉孩子妈妈，肯定进针稳、一针成、不会疼。孩子妈妈选择勇敢地抱住孩子，只见护士动作熟练，毫不怯手，一针见血。在进针的一瞬间，孩子竟然不哭了，事后孩子妈妈感激地说："这里的服务让我感到温暖，医护的技术也是一流的，他们耐心的安慰让我安心。"

哺乳期的小宝宝进食周期短，很难达到空腹的要求，儿科病房就打破晨起空腹采血的规则，根据孩子的吃奶时间，尽量达到空腹标准，随时采血。门诊、病房24小时胸疗、雾化，随时有需要随时处置，缩短了等待时间，使治疗依从性大大提高。不仅如此，儿科团队建立了"润心患者微信群"，架起医患沟通的桥梁。医护们经常举办科普讲座，在微信群里发医学知识，24小时在线对患者的疾病咨询及时答复，并借助网络平台（抖音）开展新生儿、儿童疾病预防、护理知识讲座等，为家长在育儿方面提供有力指导。

儿科年轻的医护们下夜班后主动到中心门诊当志愿者，为患者导诊，进行诊疗咨询，方便患者就诊。多名护士主动放弃休年假，积极参与到全员核酸检测的采集工作中，向社区提供医疗支援，对核酸采集人员及志愿者进行操作培训，帮助社区工作人员快速掌握信息录入操作方法，以便快速高效地参与全员核酸检测。全体医生放弃上、下夜班休息时间，参与全市中小学生健康体检，筛查出生长发育落后及有先天性疾病的孩子，提供治疗指导，并建立跟踪随访。

爱于心，践于行！"润心服务"并非惊天动地，却可以在服务的过程中使"奉献、友爱、进步"的精神得以升华。"以患者为中心"的服务理念深植于每一位医护工作者的内心。他们在平凡的岗位上，为宝宝的健康保驾护航！

（作者系本溪市平山区政协委员，辽健集团本钢总医院儿科副主任医师）

用身边事教育身边人

郑江龙

从 2017 年开始，铁岭市铁岭县委秉承"用身边事教育身边人"的理念，创新打造庆"七·一"主题故事党课，将铁岭县发生的感人故事和先进事迹经过艺术创作，以情景剧、快板书、诗朗诵、纪录片等形式进行展示，传递身边正能量。

2021 年，恰逢建党 100 周年，铁岭县委组织部和县委党校结合党史学习教育，创作主题故事党课"百年党史红色记忆"，以中国共产党人的精神谱系为主线，展现红船精神、长征精神、"两弹一星"精神、抗震救灾精神、脱贫攻坚精神等 9 种红色精神，将党史这座"精神宝库"转化为践行初心使命的思想源泉和不竭动力。"百年党史红色记忆"主题故事党课在铁岭县先进典型表彰大会首演，并通过"现场云"等方式进行网络直播，引发党员干部的强烈反响。

铁岭县委组织部趁热打铁，结合党史学习教育，分批次开展主题故事党课展演，引导广大党员干部深刻解读中国共产党人的精神密码，汲取中国共产党精神谱系的强大力量，进一步坚定理想信念，为全面建成社会主义现代化强国的第二个百年奋斗目标贡献智慧和力量。

2022 年，为迎接党的二十大胜利召开，铁岭县委组织部创作

"时光里的先锋"主题故事党课，传承红色经典，赓续精神血脉，并通过"现场云"的方式进行网络直播，为全县党员干部献上了一场形式新颖、感人肺腑的视听盛宴。

"故事党课"共分为六个篇章，从百年前的"追寻"到向未来的"奔赴"，随着时间的推进，演绎着不同时期的"伟大精神"。在"追寻"中，穿越时空，回到100多年前，聚焦中国第一位布尔什维克任辅臣的目光，把金徽镀亮。在"信仰"中，聆听扣人心弦的故事，追随当代英雄模范的足迹，唤醒心中澎湃的力量。在"坚守"中，致敬"50年"沉淀的初心，拂去岁月的尘埃，忠诚的底色依旧闪亮。在"逆行"中，将"抗疫十二时辰"搬上舞台，党员领导干部在用默默奉献为"逆行者"重新画像。在"最美"中，捕捉身边"先锋"的影子，一个个熟悉的名字，正在被时代叫响。在"奔赴"中，"奋进新征程，建功新时代"的序幕已经拉开，党员干部用肩膀挺起了铁岭县"百姓的脊梁"。

特别是故事党课与最美系列评选相结合，表彰了最美乡镇党委书记、镇长、最美村干部、最美第一书记、最美社区工作者、最美公务员、最美岗位先锋、最美防疫先锋、最美两新党员、最美英才、

最美教育工作者、最美医务工作者、最美网格员等 13 大类 88 名党员，极大激发了党员干部干事创业的热情。"故事党课"让全县党员干部倍受鼓舞，觉得"初心"再次受到洗礼、涤荡，反响十分强烈。

如今，故事党课连续举办 6 年，原创作品 50 余个。其中，新时代雷锋式好干部曹宝民、好人王俊林、代理妈妈崔宝芝、最美警察刁海林、老裴调解室等先进事迹广为流传，微电影《我和朱瑞中队的故事》、音乐快板《不负重托不辱使命》、诗朗诵《坚强的战斗堡垒》等多个优秀节目深入人心，故事党课已经成为铁岭县党建的"红色品牌"。

通过变"理论灌输"为"故事感染"，变"硬性要求"为"适时启发"，变"刻板说教"为"共同勉励"，让党员干部在聆听故事的同时，受感染、受教育、受启迪，极大地增强了党课教育的感染力和吸引力，把"枯燥"的党课变成了深受广大党员干部欢迎的思想洗礼课。

（作者系铁岭市铁岭县政协委员，铁岭县党建事务服务中心主任）

倾情助农二十年

苑秀娟

2022 年 5 月 10 日，以"助农二十年，携手促振兴"为主题的农工党辽宁省委"保健康　促春耕"活动启动仪式在锦州举行。这项已经连续开展 20 年的农工党辽宁省委自创的社会服务品牌活动，始终围绕大局守正创新，始终情系百姓倾力奉献，成为参政党省级组织服务社会的一面旗帜。

20 年前的 2003 年春，国务院《关于全面推进农村税费改革试点工作的意见》正式出台。这是 21 世纪以来，中共中央第一份聚焦"三农"问题的一号文件。文件中指出："要集中力量支持粮食主产区发展粮食产业，促进种粮村民增加收入……"

时任农工党辽宁省委领导班子以强烈的政治敏锐性和时事敏感性，从这份文件中"嗅"出了中共中央改革发展的新信号。很快，农工党辽宁省委下发通知，在全省范围内启动"保健康　促春耕"社会服务活动……

自此以后，"保健康　促春耕"社会服务活动如雨后春笋般，在辽沈大地如火如荼地开展起来。尤其是中共十九大之后，农工党辽宁省委以大历史观、大世界观的战略远见，将精准脱贫和乡村振兴战略融入工作中，带领全省各级组织不断探索活动形式，创新活动载体，扩大活动范围，提升活动效果。

从起步阶段规模有限的小诊疗，到逐渐形成大型咨询义诊、健康讲座、助学纾困、捐赠药品和农资产品、植树造林、森林防火宣传、健康剧进村展演、科学防疫宣传等线上线下相结合的多重联动模式……从村民起初报以"卖呆儿"、围观、"不熟悉民主党派"的状态，到踊跃参加、奔走相告、收获满满的热情……这其中凝聚了农工党省委和全省党员20年始终如一的心血和付出。

从几个村落的社会服务实践，到遍布辽宁14.86万平方公里的人民情怀理念；从奔小康，到全面建成小康社会；从医疗扶贫、精准脱贫，到全面实施乡村振兴战略；从促进农民健康和春耕生产，到以"国之大者""省之要务"的胸怀保障国家"五大安全"中的粮食安全，端稳端牢"中国饭碗"……弹指岁月间，农工党辽宁省委的笃行不息和历史纵深，不仅彰显了新时代参政党的使命担当，也建造起一座造福人民、泽被子孙的宝库，伴随着传承和创新，早

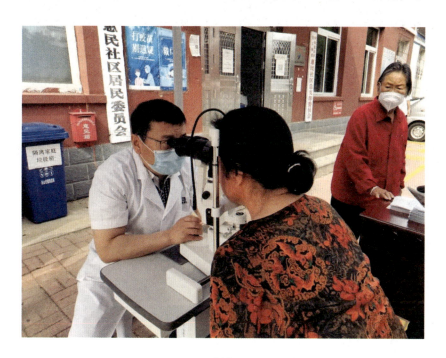

已根深叶茂、枝繁如盖。

保健康，促春耕，保的不仅是百姓的身强体健，还有在活动中培育文明乡风、良好家风、淳朴民风而带来的身心健康和家庭和谐。

保健康，促春耕，促的也不仅是生机盎然的春耕，还有风吹麦浪的夏耘、硕果盈满的秋收、养精蓄锐的冬藏。

2022 年，祖国大地已全面建成小康社会，开启全面建设社会主义现代化强国的新征程，农工党辽宁省委对社会服务工作保持初心使命不移、工作重点不变、帮扶力度不减，继续在增进民生福祉和经济社会发展中发挥优势、科学施策、尽锐出战，将传统优势品牌活动"保健康　促春耕"与"环境与健康宣传周"等活动有机结合、横向互动。各级组织根据地区实际，结合全国爱眼日、爱牙日、肾病日、助残日等创造性开展专题爱心活动，形成"聚是一团火，散作满天星"的强大合力。农工党辽宁省委连续多年被农工党中央评为全国社会服务工作先进集体；在全国各民主党派、工商联、无党派人士为全面建成小康社会做贡献评选中，大连"健康大连同心行"社会服务品牌荣获"社会服务优秀成果奖"。

上一个 20 年，农工党辽宁省委胸怀国之大者，厚植为民情怀，将"爱国、革命、奉献"的农工党精神镌刻在了辽宁土地上。下一个 20 年，农工党辽宁省委将锚定助力脱贫攻坚胜利成果和乡村振兴战略有机衔接的目标不动摇，坚持一张蓝图绘到底，团结带领全省各级组织赛龙夺锦、各展所长，助力中共辽宁省委、省政府，把习近平总书记为辽宁擘画的全面振兴蓝图变为现实，守护这方天辽地宁，收获更多丰收喜悦！

（作者系辽宁省政协副秘书长，农工党辽宁省委会副主委）

论文写在大地上　成果留在百姓家

赵晓彤

风吹过麦田，翻滚成金色的海洋，沉甸甸的麦穗在阳光下闪着金光……这是我梦想里的场景，为了这个梦，我选择回到家乡，投身农村这片充满希望的田野。

2010 年，我从沈阳农业大学农学专业毕业。毕业之后的走向，成了困扰我的首要问题：是留在市区工作？还是到其他城市闯荡？抑或是回到家乡？我一时间拿不定主意。

同父母的一次长聊，勾起了我对故土的情感记忆——康平拥有广袤的土地，丰富多样的特色农产品，素有"沈阳北海""塞北明珠"之称的卧龙湖就在这里。

我从父母的眼里看到了殷殷期望，看到了父辈们立志改变康平的决心，这也激起了我投身农村工作、为乡村振兴做出自己贡

献的信念。康平是生我养我的家乡，学有所成，反哺乡土，成为描绘家乡宏伟蓝图的一员，才不枉家乡人民的厚望。于是，我又踏上了生我养我的土地，再度融入了期盼我的家乡父老中间！

2016 年，作为专业技术人才，我站到农业生产的第一线，与前辈们一起走进田间地头，查看墒情、调查苗情、取样测产，为农业生产提供技术和数据支持，每年在作物生长季接受农民关于病虫害等方面的咨询百余次。

2020 年，康平地区在玉米苗期多地出现紫苗，玉米紫苗产生原因不一，对紫苗的成因众说纷纭：低温、干旱、盐碱、缺磷、虫害、损伤、移苗、遗传等等，受土壤类型、种植时间、施肥方式、实时天气等多种因素影响，解决的办法也不唯一。为了解决这事关农民一年收成的大事，我与同事一起到紫苗地块采样、分析，通过学习、实践，帮助农民破解了难题。

这段经历，使我对"把论文写在大地上"有了更深刻的理解，激发了我从事农业生产和为农民服务的热情，增强了我对农业农村工作的认同感、自豪感、荣誉感，也更坚定了我做好农业农村工作的信心。

金风吹麦浪的乡野美景，定格在我的脑海，成为我一路前行的人生底色——作为一线的农业工作者，担负的责任使命也更加重大，我会努力提高专业技术水平，把先进的技术带到生产中，为农

业高质量发展贡献我的智慧和力量。作为宣讲传播者，我要把康平的故事讲给大家听，让人们对我的家乡有更深的了解，感受这里的广袤土地、这里的碧水蓝天，欣赏硕果累累的壮美画卷。

在康平工作的 12 年间，我见证了家乡在一点儿一点儿地改变，我欣喜地看到，家乡的道路交通更加发达，特色品牌更加响亮，风景环境更加秀丽，历史文化更加浓厚，人民生活更加幸福，我要一直走下去，为生我养我的这片土地做出自己的贡献！

（作者系沈阳市政协委员，沈阳市康平县现代农业服务中心农业技术推广部副部长）

用"首都标准"扮靓盘锦

姜　文

　　行走在蓝天白云之下，徒步于净街碧水之间，呼吸着沁人心脾的空气，享受着微风拂面的温馨，不论是这座城市的居民还是远方的来客，无不感叹这里的清洁和美丽，无不羡慕这里的舒适与安宁。

　　而这最简单、最朴素却又最难能可贵的城市印象，离不开盘锦京环人 13 年环卫事业的深耕细作，他们秉承"政府放心、市民满意、行业领先、员工幸福"的服务理念，沐风雨，伴星辰，战酷暑，

斗严寒，为盘锦洗去"尘埃"，为城市擦亮"风华"。

2009 年，盘锦市人民政府与北京环卫集团"联姻"，共建美好家园，从此，大都市的环卫理念移到了盘锦——从项目选址定桩开始，仅用四个月时间便建成了一座标准化平原垃圾填埋场，解决了盘锦市堆存的老垃圾和新垃圾的去处问题。项目完工后，被国家住建部评为"Ⅰ级城市生活垃圾无害化填埋场"。

2015 年，盘锦开始了美丽乡村建设工作，盘锦京环人抓住这一契机，在全市全域建立道路清扫保洁、公厕管理、垃圾收集运输以及后端无害化处置的全产业链一体化环卫综合服务体系，推进了盘锦环卫事业向专业化、社会化、市场化、城乡一体化协调均衡发展。该项目的成功运营，荣获国家住建部颁发的"中国人居环境范例奖"，盘锦成为全国首个城乡"固废一体化、无害化处理地级示范市"。

2018 年，按照"分质协同处理"和"资源化循环利用"的建设理念，他们开始了占地 34.49 公顷的盘锦市固废综合处理园区建设，统筹规划园区各类固废处理单元，实施了生活垃圾焚烧发电、餐厨垃圾处理设施、医疗废弃物处理设施、市政污泥处理设施项目建设，实现了盘锦全域全口径固废的无害化处理。

如今，盘锦 200 余台各类环卫作业车辆的投入使用，使环卫保障能力迈上了一个新台阶。通过推行"机械化清扫"和"人工快速保洁"相结合的作业模式，城市道路机械清扫率由 50% 提高到88.5%，有效降低了道路清扫扬尘污染，明显改善了城市空气质量，为建设美丽宜居城市注入了源源不竭的动力。

同时，实施精细化规范管理、"网格式时段内"包保管理，某一段某一点的环境卫生，划分部署并然有序，环卫工人风雨无阻、日夜交接，确保了城市街面垃圾即生即消。一个个环卫"小目标"、一件件服务"小细节"，编织成美丽盘锦的鲜活体验。

13 年的精耕细作，让盘锦市城乡一体化大环卫体系从梦想变为现实。启动农村生活垃圾收运，实现了对全市 307 个行政村的垃圾进行统一收集，集中无害化处理，全市城乡生活垃圾清运覆盖率达到 100%；实施固废园区建设，实现了生活垃圾 1500 吨/日、市政污泥 250 吨/日、餐厨垃圾 150 吨/日、医疗废弃物 15 吨/日的处理能力，全市城乡生活垃圾无害化处理率达到 100%。

如今，美丽宜居的市容市貌获得了盘锦市民的交口夸赞，也博得了外来客人的高度赞誉。在盘锦京环人的感召下，更多人自愿加入城市"美容师"的队伍中来，共同装点这座湿地之都、魅力之城。

"不积跬步，无以至千里；不积小流，无以成江海。"在优化盘锦市民人居环境、提供优质服务上，盘锦京环人的路还很远很长……

（作者系盘锦市政协委员，盘锦市大洼区政协党组书记、主席）

抚琴高歌一家亲

沙仁托亚

我是个蒙古族人，除了单位和家庭，还有一处情感寄托——辽阳市蒙古族联谊会（以下简称联谊会）。联谊会是一个特别讲政治、讲奉献、识大体、顾大局的社团组织。在这个大家庭里，大家不断铸牢中华民族共同体意识，为民族团结进步事业和辽宁经济社会发展贡献着自己的力量。今天，我就给大家讲讲联谊会的那些事儿……

最激动的事儿——成立党支部

一个支部就是一座堡垒。记得 2017 年，当得知要成立党组织时，联谊会的全体党员激动万分，大家感到有了这面旗，就有了主心骨。

2021 年，联谊会党支部开展了"奋斗百年路　启航新征程"等系列活动，围绕"学党史、悟思想、办实事、开新局"，组织全体党员参观了辽阳市党史学习教育主题展览。当站在党旗下重温入党誓词的那一刻，全体党员心潮澎湃，热血沸腾。

"光荣在党 50 年"的 75 岁蒙古族老党员张凤英参观学习后，不

停地在本子上记录着。联谊会的老会长吴燕辉年事已高，依然满怀对党的深情，创作了中国画《红旗颂》《向阳花》等作品。

最热衷的事儿——乡村振兴

"脱贫路上一个也不能少，一个民族都不能少。"习近平总书记的讲话时刻激励着我们。联谊会积极响应党的号召，不忘每一个贫困的蒙古族兄弟姐妹。针对西大窑镇官屯村吃水难和行路难问题，联谊会多次到村里组织召开协调会，想方设法筹措自来水管道改造资金，问题很快得到解决。

在联谊会的帮助下，村里成立了种养殖合作社，带领群众开展特色种养殖。2016年，联谊会与西大窑镇政府、官屯村委会积极沟通协调，提出在燕州城整体开发中发展蒙古风情园特色乡村旅游项目，村里土地增值了，当地村民从"土里刨食"变成"地里淘金"，生活发生了翻天覆地的变化。

最快乐的事儿——扶贫帮困

联谊会的"手足相亲、守望相助"扶贫帮困活动已连续开展多年。白凤江的丈夫患脊椎癌卧床多年，孩子上学，弟弟残疾，家庭的重担全部压在她瘦弱的身上。面对她的丈夫两次手术后家庭负债累累的贫困状况，联谊会多方联系北京专家，最后确定采取中医保守治疗的方案，并购买了中草药送到白凤江手中。在联谊会的帮助下，白凤江一家的生活状况慢慢地有了转机。

2020 年 9 月，联谊会几位理事来到辽阳市第一中学西藏班看望海日同学。海日的父亲是藏族，母亲是蒙古族。因小海日感冒，远在西藏的家人不放心，找到联谊会，希望代他们看望孩子。联谊会得知情况后，立即到学校走访慰问。为了让孩子圆满完成学业，联谊会和孩子的班主任建立起热线联系，及时掌握孩子的情况，解决了远方家长的后顾之忧。

最幸福的事儿——听悠扬的马头琴声

为了丰富和发展民族文化，联谊会将非物质文化遗产——马头琴引入校园，不仅让非物质文化遗产得到了传承，同时还丰富了本民族同胞的文化生活。在灯塔高丽寨民族村举行的民族团结进步月和联谊会年会上，马头琴表演队的演出受到观众的热烈欢迎。

多年来，联谊会在党的领导下，主动融入辽阳经济社会发展大局，充分发挥桥梁纽带作用，为民族团结进步事业和社会和谐做出了积极贡献。身处这样一个团结友爱、奋发向上的集体，我感到无比自豪！

（作者系辽阳市政协委员，辽宁省高速中油能源有限责任公司第三片区经理，辽阳市蒙古族联谊会会长）

以青春之力传承煤精雕刻非遗文化

吴家兴

煤精，又称煤玉，也称黑宝石，是辽宁抚顺西露天矿独有的矿产资源。它夹杂在煤层中间，质地坚韧、结构细腻、乌黑发亮、横竖纹饰明显，被称为"煤中之精华"。用煤精做成的工艺美术制品称为煤雕，是抚顺独有的民间手工技艺——2008 年，抚顺煤雕被列入国家级非物质文化遗产名录，成为抚顺人的骄傲。

1901 年，抚顺掀开百年煤炭开采史的序幕。一百多年来，抚顺煤精雕刻已成为世界工艺美术殿堂中独树一帜的乌金艺术，很多人通过煤雕进一步认识和了解抚顺——新乐遗址中的"耳塘饰"；毛泽东主席视察抚顺时赏摸煤雕作品；北京奥运会、上海世博会上展出

吴鹏　非物质文化遗产项目煤精雕刻第七代传承人、国家级高级雕刻技师、辽宁省工艺美术大师、中国工艺美术协会会员

的工艺品，无不融合了传统文化和乌金墨玉的华美，彰显了抚顺煤雕的独特魅力和世代流传的卓越技艺。

从20世纪70年代开始，抚顺煤雕逐步进入鼎盛时期，年产煤精作品达8000余件，产品质量和数量不断提升的同时，大型作品不断涌现。这个时期产出的煤精雕刻作品在全国工艺博览会上屡屡获奖，作品的题材广泛、形象逼真，堪称一绝。但随着抚顺煤炭资源逐年枯竭以及城市发展面临诸多困难与挑战，煤精雕刻也随之走入低谷，一批大师流失，煤精雕刻艺术也趋向衰落。

近年来，越来越多有理想、有信念的年轻人担负起传承传统文化的重任。作为第七代"80后"的煤雕非遗传承人，吴鹏刻苦钻研、潜心研究，不断领悟煤精雕刻精髓，苦练雕刻技艺，不懈探索，在继承中不断创新，形成了一套独特的创作理念和艺术风格。他利用扁铲、圆铲、锤子、砂纸、抛光机等工具，通过砍形、抢细、滚毛、打磨、抛光等一系列工序，让煤精在他的刻刀下活了起来，变为一件件工艺独特、设计巧妙的乌金艺术品。

作为年轻的非遗传承人，吴鹏积极参加非物质文化遗产的宣传和保护活动，通过自己的店铺、工作室以及网站、图书、报纸、电台等媒体向更多的人宣传抚顺煤雕，用自己的实际行动传承着一种文化，坚守着一项技艺。他希望通过自己的努力让更多人感受到中华优秀传统文化的魅力，感受到家乡的非遗之美，让煤精雕刻这一抚顺地标性文化符号在新时代焕发出崭新光彩！

（作者系辽宁省政协委员，民盟省委副主委、抚顺市委主委，抚顺市政协副主席）

"雨润山花梦" 圆梦山里娃

祝丽娜

开展文化惠民演出 21 场、惠民辅导 56 次、线上培训 34 次、录制大型文化活动 20 次……这是朝阳市群众艺术馆为群众服务的真实写照。在他们的工作中，有一项活动很特别，那就是"雨润山花梦"艺术支教——将艺术公益课堂带进偏远山区、带进校园，使山里的孩子能够同城里的孩子一样学到专业的艺术教育课程，让艺术教育滋润孩子们的心田，让艺术在孩子们心中生根发芽。

这支由 30 多位艺术专业教师组成的支教团队，积极发挥各自艺术特长，精心设计艺术课程，为山区孩子们送去一堂又一堂不一样的公益课。

支教老师耐心示范，逐字逐句指导孩子进行训练。老师邀请长得小、声音也小的赵鹏一起朗读海子的《面朝大海》，当读到"陌生人我也为你祝福"时，赵鹏竟然开始大声朗诵："愿你有一个灿烂的前程，愿有情人终成眷属，愿你在尘世获得幸福，我只愿……面朝大海春暖花开！"这个激动人心的时刻，所有孩子和老师都为赵鹏鼓掌。

孩子们模仿着老师的动作，同支教老师跳起《天天向上》。在寒冬腊月的天气里，舞蹈老师心疼地问孩子们冷不冷，孩子们大声说：

"不冷不冷，老师，我们愿意学！"望着孩子们渴求的目光，老师在寒冷的季节和孩子们欢乐共舞，孩子们开心得不得了，从最开始的青涩害羞到逐渐自信大胆，他们朝气蓬勃的样子让人动容。

孩子们几乎没有上过音乐课，老师带着孩子们认识吉他，和他们边弹边唱，把李白的《静夜思》改编成歌曲。孩子们惊奇不已，一起吟唱不一样的"床前明月光"。这就是音乐带给孩子们的快乐时光，也是在这短暂的时间里，让孩子们从视觉、听觉上感知艺术的启蒙教育。更重要的是，让孩子们懂得艺术是追求美的，让孩子们在感知歌曲节奏的同时，感受歌曲的内涵。

每次的支教活动，支教老师们都会精心准备，尽最大努力让孩子们体验艺术课堂的美妙与趣味。孩子们那期盼、渴望的眼神，成为每一位支教老师把"雨润山花梦"支教计划进行到底的信心和决心。

每个春夏秋冬，朝阳市群众艺术馆"雨润山花梦"支教活动都在进行着。他们与时间赛跑，争取在有效的支教时间里辅导每一个

孩子。他们用文艺之雨滋润着山区的孩子们，他们用无私与奉献，为山区孩子拉开了艺术之门的帷幔，他们用智慧与热忱，带领山村孩子领略广阔的艺术风采……

（作者系朝阳市政协委员，朝阳市政协文化和文史资料委员会副主任）

一针一线 "缝" 出世界品牌

吴　江

43 年前, 改革开放大门打开。34 岁的李桂莲萌生了办服装厂的想法。她带着 85 个农村姐妹, 蹬着从自家抬出的缝纫机, 哒哒哒……哒哒哒……一针一线缝制出一条从小作坊到世界顶级品牌的时尚红毯……

1979 年 9 月, 一则 "乡里要办服装厂, 招收农村妇女当工人" 的消息, 令大连市普兰店区杨树房沸腾起来, 整日面朝黄土背朝天的农家女们仿佛看到了摆脱贫穷的出路和过上美好生活的希望。

3 天的时间里, 十里八村的妇女们抬着缝纫机从四面八方前来赶考, 600 名考生中择优录取了 85 人。她们从自家抬来 65 台缝纫机, 办起了服装厂。

1981 年春节刚过, 美国一家服装公司开出一张条绒西服订单, 整装由 46 块面料组成, 要求 3 天拿出 160 件样品。当李桂莲赶到大连机场把样品交到外商手里时, 换来的是 26000 件西服订单。

1984 年, 李桂莲第一次走出国门到日本学习。青山服装是日本最好的西装企业。就像刘姥姥逛大观园, 日本人在前面自豪地介绍, 李桂莲小碎步跟在后面虚心学着, 一个震撼接着一个震撼。那时, 日本人怎么也不会想到, 当年那个跟在自己身后的女人, 办成了世

界顶级的服装生产企业。

"贴牌"意味着要"隐姓埋名"。虽然世界最大的商店美国梅西百货一度超过一半的服装是由李桂莲的大杨集团生产的，但李桂莲意识到，国际知名品牌榜上，中国仍然缺席。1994年，李桂莲做战略性决策：打造民族品牌，让中国服装跻身国际。由此，一个凌厉、响亮、高端的品牌——创世诞生了。

1987年9月，李桂莲作为唯一的女性，应邀去北京中南海参加全国十佳农民企业家座谈会。很多人问大杨成功的秘诀。70多岁的李桂莲说："我们这些人啊，这辈子，就做一件事了，除了服装，没做过别的。而当年国内一起做服装企业的，有的去做地产，有的去做金融……"

不管时代怎么变，大杨"一群人，一辈子，一件事"的企业精神不会变。虽然还是守着缝纫机转，但大杨人的思维和格局却没故步自封。新一代掌门人胡冬梅带领新生代完成转型之路，在国际市场打出一手"定制"好牌，让世界各地的用户穿上"云剪衣裳"。在一个数字化生产车间、数字化仓储、数字化管理的智能工厂，一件件服装，上面标着来自世界各地的服装主人的名字、尺寸；一个个机器人穿梭在车间，智能分类，智能分发……App 在线量体，3D 量体试衣，最快 4 天完成一套成衣。今天，全球已有接近 1600 多家店铺做大杨的定制业务……

今天的大杨人把"一"的笔画变得更大，他们坚信，一个人的坚定会带动一群人。"大杨是改革开放的受益者，我想拉一拉当年那些老伙伴，愿意把我的技术，甚至一些设备都拿去给他们用，让他们东山再起。"70 多岁的李桂莲、新一代掌门人希望把这个梦想照进现实！

（作者系大连市普兰店区政协委员，大杨集团有限责任公司副总经理）

辽之驴，有一套

岳喜庆

柳宗元的寓言"黔之驴"为大众耳熟能详，然而"辽之驴"您听过吗？

自秦汉时期开始，驴从西域陆续引入我国繁衍生息。辽宁养驴历史悠久，现为全国最主要的驴产区之一，2020年末全省驴存栏35.6万头，占全国驴总存栏量的15.3%，位居全国第二位。

多年来，驴作为朝阳、阜新、锦州等辽西低丘陵地区农民群众重要的生产、生活资料，以"小规模大群体"的小农户饲养方式，分布于千家万户，成为辽西人民独特的文化符号。

辽宁出产的驴量多质优，自20世纪20年代开始，通过引进大型驴品种，目前已形成体貌特征逐渐趋于一致的优良"辽西驴"群体。辽西驴毛色以黑色为主，眼部、嘴部及腹部多为白色，骨骼粗壮坚实，结构匀称，肌肉充实，四肢正直，驴的肉、乳、皮综合品质均好、生产性能高、适应性强，已被多个省区引入并参与当地驴种的遗传改良工作。2018年，农业农村部正式批准对"辽西驴"实施农产品地理标志登记保护。

"天上龙肉，地下驴肉"，驴肉已渐入寻常百姓家，驴肉、乳、皮等产品绿色、天然、优质，食用和药用价值日益凸显。近年来随

着与大健康产业相互融合的趋势不断加大，驴产业已成为带动辽西农民增收致富的新兴特色产业。

2015 年以来，辽宁省陆续新建了一批存栏量 100 头以上的规模化驴繁育场，另有上百个家庭农场和养殖大户涌现。全省已初步形成了集驴养殖、交易和加工于一体的全产业链条。

辽宁省对驴的科学研究方兴未艾。沈阳农业大学作为全省唯一的农业类本科院校，在驴的遗传改良、高效繁育、健康养殖和食品加工等方面取得了多项原创性研究成果。驴的重要经济性状评价、快速妊娠诊断、围产期母崽保健、驴奶特殊生物活性成分解析等理论和技术，实现了产学研一体化应用，提高了我国驴科学研究的国际影响力。

目前，辽宁正努力把驴产业打造成特色优势产业，在充分挖掘驴种资源基础上，以良种繁育和科学养殖为支撑，大力发展标准化、规模化驴繁育体系建设、绿色生产体系建设、产业链经营体系建设，为助推国家乡村振兴战略实施，引领农业农村高质量发展做出更大贡献！

（作者系辽宁省政协委员，民盟沈阳市委副主委，沈阳农业大学食品学院院长）

"靓" 变中的盘山新县城

孙丽颖

　　盘山县城搬迁 16 年来，从开始的几条街路、三两个住宅小区、寥寥无几的摇曳灯影，到如今错落有致的楼宇、车水马龙的道路、花红柳绿的公园，从未停止建设的脚步，时刻都能带给人"靓"变中的惊喜……

道路连起了百姓的心

　　盘山的道路多了，建筑多了，人气也旺了。你来我往、车水马

龙的市景，让整齐划一的小城区不再冷清。府前大街再往南，又添了东西走向的庐山街、桐庐大街，往北的府北大街、浪山街、盛世大街，将十多条路串联起来。

城乡客运一体化的推进，十几条以盘山客运站为始发地、终点站和中继点的长途客运专线开通，尤其是多条公共交通线路的开通，织密了人们出行的交通网，加速了盘山道路交通脉络血液的流动，百姓、企业受益，新县城也跟着快速奔跑起来。

文化系住了盘山的情

坐落在县政府北部的盘锦特产博物馆群，从最初建设的大米博物馆，到增建苇艺草编博物馆，再到河蟹博物馆落成，历经十余载。

在大米博物馆，你能找到大米的源头，还会知晓米字的百种写法。在苇艺草编博物馆，芦苇蒲草的装点必不可少，直径 3.1415（圆周率 π）米的大草帽，足以证明博物馆的创意非凡。河蟹博物馆的建立，不仅涵盖了盘锦主要特产，也为盘山水稻河蟹的种养文化留下了一笔浓墨重彩……

盘锦特产博物馆用独特的宣传形式和浓郁的故乡情结，为盘锦这片退海之地积累着丰厚的文明与历史！

公园绘成了幸福的画

县政府南面的锦绣花谷公园，人气总是很旺。早春的风儿像一个调皮的孩童，吹净了泛黄落叶，吹起了柳枝嫩芽，也吹开了锦绣花谷公园花朵朵园艺中心的大门。走进园艺中心，呈现在眼前的是一个三维立体的花世界。青葱翠绿的盆景、五颜六色的鲜花、精巧别致的多肉……树、竹、草、花形成了千花竞放、草木争春的立体生态景观。游人放慢脚步行走其间，且看那一抹花开嫣然，暗香盈袖，别有一番独特春韵。每到夏秋之际，满湖荷花格外绚丽，绕湖遛弯的、美美自拍的人比比皆是。

人们一边压腿扩胸，一边聊着家常，还有坐在石凳上读书的，好不惬意。十几个人的毽球队，围在一起快乐地踢毽子。随着毽子的起落，欢声笑语不绝于耳，打破了公园上空的宁静。

产业筑牢了发展的根

敢为天下先的盘山人在新县城这块土地上，把产业蛋糕越做越大。辽宁北方新材料产业园里的塑管企业，生产夜以继日，偌大的智能化、数字化车间看不到几个人。良好的投资环境吸引了众多国内外知名企业先后在这里投资兴业。墨特石墨烯、尊诺3D打印材料和打印设备、韩国ES植物化妆品等"新、高、生"项目，中通快递、申通快递等全国大品牌快递公司齐聚新县城周边，并衍生出新的产业……

驻足新县城，不禁感慨16年前这里蛙声一片，而当下却美轮美奂、宜居宜业。作为新县城建设者中的一员，我坚信，在全县人民的共同努力下，新县城一定会在不断的"靓"变中走向更加辉煌的明天。

（作者系盘锦市政协委员，盘锦市盘山县政协党组书记、主席）

闪耀劳模精神的荣光之城

曹　珺

鞍山是一座英模辈出的城市，是成千上万的英模人物和一代又一代的鞍山人把我们这块神奇的土地耕耘得如此神圣，如此充满希望。随着时间的推移、历史的发展，有许多劳动模范逐渐淡出我们的记忆。然而，历史不会忘记，我们也不应忘记，他们创造的赫然功绩值得我们在新时代继续回味……

今天，我要讲述的是这样一位劳动模范——倪亦方。

倪亦方，1931 年生，浙江省宁波市人。1952 年毕业于北京大学化学工程系。毕业后到鞍山建筑筑炉公司任技术员，1979 年调鞍山化工二厂，历任副厂长、厂长、教授级高级工程师。

1949 年，年仅 18 岁的倪亦方考入了燕京大学（现北京大学）。

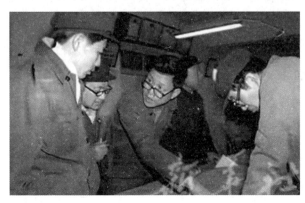

1952 年，倪亦方以全优的成绩毕业，放弃了留校当助教的机会。21 岁的倪亦方来到了祖国的钢都鞍山，被分配到

鞍钢筑炉公司计划科搞鞍钢的恢复建设工作。倪亦方在计划科工作一段时间后，就主动申请到生产第一线。他告别了新婚的妻子，来到本溪筑炉工地负责本钢焦化厂焦炉的筑炉施工工地。

当他看到软质炭黑炉不仅工艺落后，工人劳动强度大，而且产品只能做涂料，心里十分着急。当时，我国生产橡胶轮胎的硬质炭黑原料大部分依靠进口，每吨需要 6500 元。为了给国家节约资金，他决心攻克这个难关。在领导的支持下，他决定揭下化学工业部关于硬质炭黑生产的"榜"。在研发中，没有办公室，他就把板床当办公桌；没有制图工具，他就找来木板当制图板，又用自己的钱买了一套简单的制图仪器；没有图纸，就在旧报纸上绘制硬质炭黑炉草图。他不分白天黑夜地干，终于在年底将第一座硬质炭黑炉建成投产，产量达到几百吨。同时，他还掌握了硬质炭黑生产的一些基本技术，培训了一批技术工人。接着又建成第二座、第三座，到 1966年，已建成 4 条硬质炭黑生产线，产量增加了 5 倍。随后，他对炭黑反应炉炉型、旋风分离器的型号与组合方式都做了大量研究，写出了论文，受到国内外炭黑界的瞩目。

生产炭黑要排放大量尾气，严重污染环境，危害身体健康。1966 年，在一次设备检修中，管道中的炭黑尾气偶然被气焊枪火焰点着燃烧起来。倪亦方受到启发，设计了一套回收尾气烧锅炉的装置。他带领几名同志奋战了七天七夜，锅炉建起来了，最后一道工序是点火。因为没有测试仪器，无法判定尾气中各种成分的含量，如果含氧量过大，点火就会发生爆炸。他有一定的把握，即使万一遭到了不幸，把血洒在科学探索的道路上，也是心甘的。最后，点火试验获得了成功。这是一项我国首创、被誉为"世界奇迹"的科研成果，在全国炭黑厂进行推广应用，每年可节约标准煤 50 万吨，相当于一个中型煤矿的年产量。为了使我国的炭黑产品进入国际市

场，他夜以继日地带领工程技术人员和全厂工人拼搏，先后研制成功了多炉头生产、尾气发电等10多项技术革新

项目，使产品品种由原来的3种增加到14种，其中3种主要产品有2种获国家银质奖，1种获省级优质奖，产品远销国外。

1983年3月，倪亦方光荣地加入了中国共产党。倪亦方主持完成重大炭黑技术改造项目60多项，其中有4项属国内首创。他研制的高温空气预热器为国家实用新型专利，填补了国内炭黑工业的空白。

1986年5月29日，《光明日报》在显著位置刊登了中共辽宁省委、化学工业部党组做出的关于向优秀共产党员倪亦方同志学习的决定。他先后被授予鞍山市劳模、特等劳模、全国优秀经营管理者、优秀共产党员、国家"五一劳动奖章"等光荣称号。

（作者系鞍山市政协委员，鞍山市总工会政策研究室主任）

新中国第一台轮式拖拉机在丹东诞生

张利红

　　1958年5月18日，毛泽东主席在国家计委党组呈报的关于安东机械厂小厂办大事，克服技术、工具、材料和经费上种种困难，研制拖拉机的汇报材料上题词，同时写下了300多字的批语，对工人们敢想、敢说、敢做的大无畏创造精神给予高度评价和充分肯定。

　　1951年3月，正值抗美援朝战火硝烟弥漫，在原安东瓦斯（煤气）公司铁工修理部的基础上，地方国营安东永华机械厂成立。在几间低矮简陋的民房里，16名工人靠着4台旧式皮带车床、2台小

248

台钻，承担起为志愿军修理汽车和生产汽车防滑链等军工任务。

1956 年，工厂 30 台机床、170 多名工人，在没有技术资料、没有专用设备、没有专业技术人员也没有生产经验的情况下开始大胆尝试研制拖拉机。研制小组成员大多是没有读过几天书的"大老粗"。但是，他们凭着自力更生的创造精神，克服了数不尽的困难，于 1957 年 2 月 16 日，试制出我国第一台轮式拖拉机——"鸭绿江 1 号"。1958 年，在全国农业机械展览会上，"鸭绿江 1 号"意气风发地驶过天安门，接受了党和国家领导人的检阅。"鸭绿江 1 号"拖拉机成功制造后，1959 年、1960 年工厂又生产出一批"鸭绿江 2 号"。

1961 年，根据国家国民经济调整计划，企业调整经营方向，开始组建锻造、曲轴加工等生产线，建设一吨、三吨、五吨模锻锤。1978 年投产十吨模锻锤，国家第一机械工业部发来贺电，工厂成为东北农机行业的锻造中心。1983 年率先在市场推出自行研制的"6100B3Q"曲轴，填补了中国六缸模锻锻钢曲轴工艺的空白。

1993 年至 1995 年，企业又成功引进并投产德国 GH3200 型电液对击锤，和 5000 吨、3150 吨压力机等 3 条自动化锻造生产线，锻造能力跃入国内大型锻造企业行列，锻造工艺和产品水平达到国际前沿。GH3200 型电液对击锤世界上只有四条，亚洲仅此一条，有"亚洲第一锤"的美誉。

转制后的辽宁五一八内燃机配件有限公司，始终发扬"敢为人先，追求卓越"的企业精神，以市场为导向，以科技进步和管理升级为动力，对标世界一流企业，实现了快速发展，现在已成为集产品研发、生产制造、服务国内外市场于一体的具有国际竞争力的车用大马力发动机曲轴及船用发动机曲轴专业化生产基地，每年有几十个到上百个新产品投放市场，锻钢曲轴被省政府认定为辽宁重点名牌产品，部分产品把国内船用柴油机零部件行业生产技术提升到新高度，替代进口，填补国内空白。

奋进中的"五一八"也不断履行着社会责任与担当，坚持经济效益和社会效益同步增长，积极参与精准扶贫、抗震救灾等公益事业及落实行业结构调整、减污减排等环境保护工作，积极吸纳大中专、技校毕业生和社会人员就业。2020年以来，连续获得"辽宁省百强民营企业""辽宁省文明单位""辽宁五一劳动奖状""辽宁省先进基层党组织"等多项荣誉称号。

（作者系丹东市政协副主席，丹东市工商联主席）

让辽宁好物走向远方

姜晓秋

有人说，人生就像一场电影，有跌宕起伏的剧情；有人说，人生像一场旅行，有沿途美丽的风景；但姜云鹭却说，人生只有明确终点，才有勇气超越自我。

正是凭借着这份勇气与魄力，她创业、读博、带娃、旅行，每一件都拳拳盛意，竭力尽能；学习、思考、分享、陪伴，每一项都盛意拳拳，充满激情。

回归桑梓助振兴

无论走多远，乡情永远是牵动风筝的那根细线，家乡始终是永远的牵挂和抹不去的回忆。2015 年，姜云鹭带着她的创业梦回到家乡辽宁沈阳，创办了以辽宁云创为主体，华府青创、方圆青创、法库电商基地、锦州电商基地为基础延伸的创新创业平台。"我始终坚信优秀的人才能组建优秀的团队。优秀的团队一定是一起成长、一起进步的，这也是企业长远发展的核心关键。"因此，从创业之初，姜云鹭就为创业者们营造了一个相互分享、相互成就的场所。"让志同道合的人把自己的梦想和成功经验分享给大家，带动更多的人成长，这是成立华府青创空间的初衷之一。"姜云鹭说。

历时六年，姜云鹭打造了中国第一个"互联网+"时代的青年创业体系，被科技部火炬中心认定为辽宁省第一个国家级众创空间、科技孵化中心、国家级创新人才驱动中心；成为团中央授予的第一个非公的国家级青年创业示范园区；被中国科协授予"国家级海智人才工作站"称号……

讲述辽宁品牌故事

为了更深入地了解辽宁的国家地理标志产品，姜云鹭带领团队采访了 72 位驻村书记和团干部，107 位与特色产品相关的青年创业者，159 位特色产品生产工厂负责人，用近两个月的时间找出 22 个最具辽宁特色的产品与创业故事，编写出树立辽宁特色产品品牌的宣传读物——《辽宁好物》。

天辽地宁，物阜民丰，一本丰收的画卷，徐徐展开。打开这本书，通过一位位巾帼创业者的视角，似乎嗅到了稻米的香、水果的甜，看到了欢跳的鱼、奔跑的鹿，听到了农忙的锣鼓与秋收的欢庆。

《辽宁好物》是对辽宁农业发展核心竞争力的展现，每一个故事都镌刻出乡村振兴、百姓富裕的着力，更是对有着数十年心于一物的匠人精神和扑下身子执着于产业发展、乡村振兴的赤子情怀的展现。

姜云鹭说："讲好辽宁故事，是我们青年一代当尽之责，《辽宁好物》也是'农品+文化'的一次尝试。"

辽宁的好故事，才刚刚开始。

为文创插上"翅膀"

二十四节气是中国历法中特定节令的列表，每个节气均有其独

特的含义——准确地反映了自然节律变化，为农事活动提供了科学依据。以倡导节气饮食文化为基础的《贰拾肆物》，通过甄选辽

宁国家地理标志产品并赋予其新文化新形象，讲述有辽宁温度、有文化特点的农产品故事，为辽宁乡村振兴品牌实现跨越山海、走向全国助力。

目前，《贰拾肆物》囊括软枣猕猴桃原浆和奇异梅果汁（丹东）、原汤冷面（沈阳）、国家专利产品——控糖米（抚顺）、有机杂粮（锦州）、东北黑蜂蜂蜜与蜂巢蜜（铁岭）等16个自有产品的辽宁文创农品特色品牌。同时服务于海鸭蛋（盘锦）、跑山大公鸡（葫芦岛）、黑参茶（铁岭）、塔城陈醋（朝阳）、非遗产品——麻糖尹芝麻软糖（朝阳）等多个具有辽宁特色产品的线上推广与品牌宣传。

"辽宁云创"、"华府青创"、《贰拾肆物》——每一个名字在姜云鹭的带领下都散发着辽宁青年的她时代、她力量。

"我的梦想就是把辽宁的国家地理标志产品做成有颜值、有故事的节日好礼，跟更多的年轻人一起把辽宁好物推广出去，让全国人民都知道东北特产不仅品质高，而且有故事、有文化！"这是姜云鹭的诗与远方，更是辽宁青年人的共同梦想。

（作者系辽宁省政协委员，辽宁社会科学院原院长，辽宁省政协民族和宗教委员会副主任）

"稻梦空间" 梦想成真

彭岩峰

稻浪翻滚，游人如织，沈北新区的"稻梦空间"里美景如画。当你登上高 27 米的观光铁塔，乡村振兴、稻梦小镇、龙腾虎跃、青春万岁、田园爱情、女娲补天、中国日子呱呱叫等场景赫然出现在 2000 多亩的沃野之上，水稻变颜料，稻田成画板，恍如置身梦幻空间。"太美了，心旷神怡的美！这是沈阳吗？这是江南水乡吧！"大家赞赏之情溢于言表，纷纷表示不虚此行。我们的故事也从这里开始。

创业维艰，种稻田画种出多彩人生

2011 年，沈北新区政府从日本引进稻田画制作技术，并在一块 80 余亩的稻田上做实验——用黄、紫两种颜色的水稻种出了一幅反映锡伯族人民骑射的图案，在当地引起轰动。

2012 年，区政府牵线搭桥，沈阳锡伯龙地创意有限公司接过了稻田画制作的接力棒，开始投资建设观光农业产业园，并组建专门团队到海南培育彩色水稻，不断开发新品种。

2014 年中秋节前后，以稻田画为特色的田园综合体"稻梦空间"在兴隆台锡伯族街道星光社区开业，总投资 1.5 亿元，辐射面

254

积 5 万亩。

一路走来，"稻梦空间"以打造东北生态唯美特色小镇为目标，立足"三农"资源，着力打造以稻田画、水稻加工、稻米博物馆、农业嘉年华、餐饮民宿、田园观光为一体的民族生态画卷。在专家学者和锡伯龙地人的日夜耕耘下，"稻梦空间"目前已拥有 10 余种不同颜色的水稻，已具备 2 万亩绿色水稻种植规模，年加工 10 万吨水稻生产能力。2017—2019 年，仅旅游项目方面，"稻梦空间"直接创造就业岗位 200 余个，带动当地农民年创收近 500 万元，惠及三个街道 40 余个村、2000 多位农民。

产业兴旺，"稻梦空间"里走出乡村振兴路

"稻梦空间"始终坚持让农业走品牌化之路，即"种植基地+旅游+品牌产品加工"，拉动乡村旅游、促进农民增收，成为响应国家乡村振兴战略的"沈阳样本"。

当新颖的想法与新生的力量注入传统农业，"稻梦空间"周围一改"空心村"旧貌，成为人丁兴旺的美丽乡村。2020 年，为突破农村宅基地改革瓶颈、壮大农村集体经济，"稻梦空间"积极探索"以企带村、村企合作"的乡村振兴新模式，大力发展民宿经济。目前已建成 11 户，其中民宿 6 户、餐饮 2 户、画馆 1 户、民俗馆 1 户、漫画馆 1 户，总投资 800 余万元。另外，投入 600 万元建设小镇冰雪项目，已累计接待游客 7 万人，营业收入达到 100 万元。同时，新开发了米糠酵素浴项目，引进了油画、国画、漫画和绳结等项目，现已全面营业。

园区内还设立了"农业创客"示范基地，给创业者提供实现梦想的天地。养鸡、猪、河蟹以及甘蔗种植园、葡萄园等 10 个创客项目已全面启动，景区为肉、蛋、禽、水果等各类农产品提供统一生

产与加工服务，共同打造"稻梦空间"品牌。2018 年，第一个以"稻梦空间"为品牌的米花糖产品，尝试实现了"品牌+代加工"的 OEM 模式，随后以"稻梦空间"为品牌的过桥米线、牛肉辣酱、笨鸡蛋、黑猪肉等旅游产品接连上线……揽梦塔下，"稻梦空间"小吃街的冷面、米线、米饼、糙米卷等食品也深受游客喜爱，几乎每一个游客都会尝一尝用稻米做成的糙米冰激凌，高峰时一天就能卖出 1.3 万元。

"稻梦空间"园区总经理赵爱军满怀憧憬地说，打通农业种植、休闲旅游、农产品加工之间的壁垒，以旅游打出品牌、带动人气，用品牌带动农业生产、休闲美食和民宿全产业链发展，"三产融合，让乡村更美丽，产业更兴旺"。

筚路蓝缕，圆的不仅是致富梦

如今，"稻梦空间"成为乡村旅游的"网红"打卡地，是沈腾和马丽主演的 2020 年国庆档电影《我和我的家乡》第五个故事《神笔马亮》的拍摄地，其中那幅壮观的火车稻田画让人印象深刻。2021 年 5 月 29 日，长达 2800 米的全国最长稻田小火车在稻梦空间正式通车。2021 年浙江火爆综艺节目《青春环游记》也来拍摄，让更多的人了解美丽乡村，用艺术勾勒稻田，以文化突显特色。

如今，"稻梦空间"园区内拥有稻田画观赏区、稻田小火车、国内观光塔之最——揽梦塔、电影拍摄地——圆梦塔、稻浪泛舟——水上漂"留"、锡伯弯弓射箭场、童梦乐园——稻梦水城、阳光沙滩、采摘园、听水观澜锦鲤池、林地捡鸡蛋、锡伯族广场、美食餐饮区、荷花池、水帘洞、龙骨水车等多个打卡位，将美好的田园气息和娱乐项目完美结合。

　　如今，"稻梦空间"已是国家 AAA 级景区，拥有国内顶尖稻田画设计与种植技术，年接待游客约 50 万人次，它是一个将亲子教育、生态文化、锡伯族文化、农耕文化完美融合为一体的水稻艺术王国，被冠以"中国稻田画之乡"的美誉。

　　"稻梦空间"园区创始人张爱忠说，他们的稻田画栽种技术已输出至河北、海南、广西、吉林、黑龙江、山东等地，指导作画的收入每年可达 300 多万元。彩色稻米走出沈北，在更为广袤的土地上生根发芽、开花结果，点缀着中国的乡村振兴。

　　如果说当初建立"稻梦空间"是一个梦，现如今这个梦已然成真了！

　　（作者系沈阳市政协委员，沈北新区政协党组书记、主席）

养鹿人的"圆梦"之旅

魏 雯

    1619 年，努尔哈赤巡猎至西丰一带，发现这里莺飞草长、翠色葱茏、波光涟漪、鹿鸣呦呦，当即划为围场。此后无数年间，清朝历代皇帝皆钟情于此，康熙、光绪皇帝在西丰设立"盛京围场"狩猎梅花鹿的故事在民间广为流传，鹿茸、鹿肉、鹿血更是成为清朝皇室滋补养生的保健佳品。一百多年前，盛京将军依克唐阿把从西丰冰砬山至小四平一带方圆 40 公里辟为养鹿官山地，大兴土木建造"皇家鹿苑"，从此拉开了西丰人工养殖梅花鹿历史的序幕，也开启了无数养鹿人的圆梦之旅。

从喜欢到热爱 埋下梦想种子

    马秀，一个地地道道的西丰人，1979 年高中毕业后被分配到西丰县种鹿场，成为一名普通的养鹿人。梅花鹿非常有灵性，在饲养过程中，马秀渐渐地喜欢上了这些"可爱的小精灵"。通过师傅的传授和自己的刻苦钻研，他了解到西丰县梅花鹿养殖历史悠久，存栏量位居全国前列，素有"中国鹿乡"之美誉。如何将梅花鹿身上的"宝藏"充分挖掘出来，擦亮并用好"中国鹿乡"这块金字招牌，成为年轻的马秀苦苦思索的问题，梦想的种子在他的心里悄悄埋下。

从校园到商海　筑梦蓄势待发

1980 年，西丰县征用 100 亩土地成立农垦公司，致力于把西丰鹿产品打造成适应市场需求、附加值高的精深加工产品。马秀听到这个消息异常兴奋，第一个报名参加农垦公司药厂生产技术工作。为了提高科技研发实力，公司决定选拔 15 名有文化基础并对梅花鹿养殖有兴趣的年轻人，到锦州医学院进行专业技术学习，马秀被选中了，距离实现梦想又近了一步。

心中怀揣着梦想，马秀踏上了赴锦州的求学之路。经过四年勤奋学习，他以优异成绩圆满毕业，当面临更多更好的就业机会时，他还是毅然选择了回到梦开始的地方——家乡。

回到西丰后，一切并没有如想象中那么顺利，受社会发展和市场变化等诸多因素影响，药厂筹建项目一直停滞不前。有志青年学到了制药专业知识，却没有了用武之地，被临时安排到市场销售部做市场营销员，可他并没有因此放弃梦想，反而更加坚定自己的选择。他坚持不懈，刻苦钻研，在商海大潮中不断地摸爬滚打，结识了北京同仁堂等一些老字号品牌企业的市场精英和优质客户。从他们那里，他深入了解到梅花鹿精深加工产品市场潜力巨大。

由此，他更加坚定了当初的梦想，并在内心深处暗暗立志，终有一天要通过自己的努力，在西丰成立一家鹿产品精深加工企业，做大做强西丰鹿产业，让更多的人了解、认识、享用到西丰梅花鹿的精深加工产品。

从梦想到现实　逐梦厚积薄发

功夫不负有心人。1998 年，时年 38 岁的马秀经过近 15 年的不

断探索和努力，掌握了技术，拓宽了人脉，积蓄了资金，具备了将梦想付诸实践的基础条件。他以西丰梅花鹿特色产业为抓手，个人筹建药厂，注册民营企业。时光匆匆，逐梦人的脚步一刻不曾停歇。2003 年，在县政府和商界朋友的大力支持下，他一手创办的鹿茸深加工企业通过了国家 GMP 认证。当梦想照亮了现实，他却给自己和企业提出了"真功实料，任万重评点不畏其严；诚心实意，历百道工序不厌其烦"的更高要求。他带领员工从一点一滴做起，深入剖析挖掘梅花鹿身上的"每一个秘密"，并在政府的大力引导推动下，与大专院校共同开展科技攻关，"解密"梅花鹿身上每个部位的营养价值和药用功能，研发出梅花鹿茸血颗粒、灵芝口服液、鹿胶原蛋白组合物、破壁灵芝孢子粉、鹿茸口服液、鹿血晶、仔鹿胎颗粒、鹿筋茶和鹿尾酒组合物配置等九大项科研成果，其中灵芝口服液、梅花鹿茸血颗粒和破壁灵芝孢子粉等多项成果已成功转化，取得了良好的市场效果。

"宝剑锋从磨砺出，梅花香自苦寒来。"经过多年努力拼搏和辛苦打拼，马秀青年时期的个人梦想似乎已经实现，然而他在筑梦、逐梦的路上又不断激发出更深沉、更浓烈的家国情怀。现在，他要为助力乡村振兴继续砥砺奋进，圆梦之路任重而道远。

　　（作者系铁岭市西丰县政协委员，铁岭县政府办公室干部）

情系红色热土　助力老区发展

董安鑫

1990 年以来，外省许多革命老区相继成立了老区建设促进会，全域都是革命老区的本溪渴望紧抓机遇，全力推动革命老区加快发展。

2019 年 4 月，本溪市政协向市委报送《关于设立老区建设促进会的建议》，引起市委主要领导重视关注，批示由市政协进一步论证、推进。市政协立即成立了以时任主席孙旭东为组长的课题组，邀请中国老促会领导到本溪指导并赴中国老促会汇报筹备情况，赴延边、牡丹江学习老促会工作经验。市政协议政性常委会域外调研时，孙旭东每到一地，除认真调研常委会议题外，还仔细询问当地老促会工作情况并收集材料……

在成立仪式上，本溪市委常委、副市长孟广华和市老促会会长孙旭东共同为市老促会揭牌。

经市委常委会研究同意，2022 年 1 月 12 日召开了本溪市革命老区建设促进会成立大会，结束了辽宁省及所辖各市、县没有老促会的历史。

当市委领导请孙旭东担任刚成立的本溪市老区建设促进会会长时，他愉快地接受了组织安排。他说："共产党员没有退休概念，我一辈子服从党组织安排，趁身体尚好，愿为家乡父老，为革命老区

测量勘察抗联一军磨米碾子

建设奉献一份爱心，做出自己的贡献。"

上任伊始，孙旭东在短时间内走访了本溪、桓仁两县数十个乡镇的老区遗址，足迹踏遍了老区的山岭沟壑。怀着对家乡故土的热爱，他不顾年迈体弱，探访了位于深山密林中东营坊乡洋湖沟西老营沟的东北抗日联军隋相生烈士纪念碑和东南满省委旧址、红土甸五间房抗联一军第二次西征会议遗址、老边沟战斗遗址，为烈士敬献鲜花、凭吊英烈，深情追忆抗联英雄革命事迹；他来到八里甸子镇杨靖宇联合抗日会议旧址、西河套抗联战斗遗址、华来镇李红光牺牲地等红色遗址，针对红色革命遗址保护展示尚处于原始荒芜状态、人参种植造成红色遗迹被破坏等问题，谋划下一步具体保护措施；他到二棚甸子镇高速公路互通立交桥选址地点、老黑山村与宽甸县下露河公路连接线地点进行了实地勘察，为解决老区断头路多、与周边县不能实现互联互通等问题奔走建言。

在省级革命文物保护单位——桓仁满族自治县普乐普镇夹道子

村龙头山三道旺沟抗联兵营遗址，孙旭东率领市老促会革命文物普查保护组，顶着炎炎烈日测量勘察抗联一军军部营房、取水井、磨米碾子、演训场、警卫哨所等遗址，实地挖掘出子弹夹、子弹头、日伪时期纽扣、细铁链残段、铁门环碎段、铁锅碎片、铁锹碎片、猪膝盖骨等军事和生活用品。

在整理老区遗存过程中，孙旭东深刻感到，本溪虽然是革命老区，但很多人特别是广大青少年不清楚老区的概念，也不了解老区的革命历史。"身为老区人，不了解老区，就不会对老区产生感情。忘记历史，就意味着背叛。"要让人们记住老区，就要建立红色教育基地，他邀请省内外专家、学者对抗联一军军部旧址进行现场调研、论证，推动龙头山革命老区红色旅游项目开发，全力打造全国红色爱国主义教育基地、党史学习教育"打卡地"，让旧址遗址成为党史"教室"，让文物史料成为党史"教材"，让老区遗属成为党史"口述教师"。

他还协调有关部门精心打造5条红色旅游和"重走抗联路"体验式现场教学路线，组织编撰完成了20余万字的《革命老区发展史》《打卡——本溪红色文旅地图》，启动编辑《本溪革命老区红色歌曲集锦》，推动建立红军小学、抗联小学，打造一批红色精品课例，让老区精神真正走进校园、走进干部培训课堂、走进社会。

孙旭东说，要让人们永远记住老区，就要用老区精神引领老区人民脱贫致富。他考察了雅河乡董船营村、荒甸村、米仓沟村草莓示范区，五里甸子镇老黑山村大榛子生产基地，了解老区产业振兴的先进经验、遇到的困难问题，探讨"红色+农业+旅游"融合发展模式，让红色资源成为老区农民增收致富的新动能。他组织包装桓仁县"东北抗战红都"革命老区乡村振兴示范项目，获得国家乡村振兴支持资金5000万元，深入挖掘项目、活化运用当地红色文化资源，探索出一条"红+绿"双色乡村产业融合发展的新路。谈起今后的工作，孙旭东信心满满、干劲十足："我们正积极包装新项目，争取更多的国家政策资金，促进老区经济加快发展……"

（作者系辽宁省政协委员，本溪市政协原副主席）

本溪老战士——于景福

张丽华

在本溪桓仁满族自治县八里甸子，有一位神炮手，他就是老党员、老战士于景福。

于景福1927年出生，17岁就当了兵，先后参加了辽沈战役、平津战役等，立团级一等功3次、军级三等功6次。新中国成立后，他转业回乡，直到20世纪70年代后期，县民政局领导到八里甸子走访老军人，看到他家墙上挂着的塔山英雄团勇士的合影照片，才知道他是曾经受过毛主席检阅的战士——他们不仅找到了一位老功臣，还找到了一个神炮手！

于景福当了八年兵，打了八年炮。"掐头炮""掀盖炮""斩首炮""断魂炮""点名炮""盖帽炮""兜底炮"……在他手里，炮弹就像长了眼睛似的，指哪儿打哪儿，战友称他"神炮手"。敌人一碰到于景福的炮班就吓得胆战心惊啊，那真是："冷不丁地炮，脑门罩，一罩就

要去报到。"一见到戴狗皮帽子的就发怵，那是："狗皮帽，狗皮帽，上来先是一溜炮，后头就是一串炮。"

1948 年 10 月，辽沈战役打响了，解放军直逼锦州。师长把炮班调到一个隐蔽的地方说，在关键时刻瞅准机会捣他一家伙，最好来个"斩首炮"，扭下前方敌军指挥军官那脑壳子。晚上，敌人想趁机刺探我军的情报，解放军就放开一个小口儿，把冒进的敌人"包了饺子"。等敌人明白过来，于景福"咣咣咣"一顿"断魂炮"阻断了敌人的后路。

在塔山阻击战中，敌人三个师的主力实施全面进攻，接连击退敌人九次进攻的于景福耳朵也被炮弹震聋了。炮班的战士们都拼了，用"点名炮"挨个给敌人点名。第三天，给养送不上来了，战士们饿得都没劲了。这天晚上，几个战友在一起唠嗑，说媳妇、说孩子、说爹娘。于景福在那儿闷头抽烟，偶尔插了一句："如果谁没死，一要帮着埋好尸首；二要把军功章送到家里去，让家里人、让乡亲们知道，咱咋死的，死在哪儿，咱死得值，不是孬种。"

天刚亮，一颗炮弹划过天空，落在阵地中间爆炸了，这是敌人发出的进攻信号。战士们都知道，这是最后见高低的时候了。"咣咣咣"一阵大炮打了过来，战士们冒着敌人的炮火，迅速装弹回击，瞄准敌人的火炮阵地，连发十几发炮弹，大大缓解了阵地压力。于景福是炮兵，平时没练几回白刃战，这时候他也不得不抓起身边的一支枪冲了过去。可又瘦又小的于景福偏偏遇上个大个子敌人，这敌人像个肉坦克似的，端着刺刀就向他冲了过来，于景福一闪躲过去了，那家伙又一连串刺了几刀。于景福非常灵巧，左躲右闪，只是腋下的衣服被戳了几个洞。那大个子敌人气坏了，瞪着眼睛，"嗷"地叫了一声，奔着于景福就刺过来了，可由于冲劲过猛，脚下又让尸体绊了一下，一个趔趄差点儿摔倒，气急败坏的敌人又马上返身扑向于景福。突然，大个子停住不动了。怎么回事啊？原来是他脚下一个战士突然坐起来，举起刺刀向上一捅，刺中了大个子的腹部，他摇晃一下还没倒下，于景福一个箭步，上去一刀，结果了他的性命……

这场战斗下来，于景福成了拼刺刀的英雄，有人向他请教小个儿打大个儿的窍门，于景福想了想，一边扭腰表演一边说："你扎我，轻飘飘，我扎你，就一刀；你扎我，扎不着，我扎你，没个逃。"

1949 年 3 月 25 日，他和"塔山英雄团"在北京西郊机场接受了中央首长的检阅。尔后，于景福随部队一路南下，到了湖南长沙、广西等地，后来又参加了抗美援朝战争。

复员前，于景福抚摸着陪伴他多年的如同战友般的火炮，流着眼泪说："老伙计呀，解放了，没有仗打了，咱也该分开啦，我明天就要回东北、回本溪了……再见啦。"

这位神炮手立了那么多战功，却从不和别人说自己的战斗经历，他牢牢记住退伍时团长说的话："军装穿上就是一辈子，穿上军装是一个兵，脱下军装还是一个兵。"

这正是：英雄老兵于景福，投身革命大熔炉；一生奉献不倨傲，只为祖国起宏图！

（作者系本溪市政协委员，本溪市政协学习宣传文化文史委员会副主任）

268

一个小山村的"三变"

田 超

今天，我要讲述的是辽宁省义县留龙沟镇大齐沟村的"变形记"。

变"人"——"诓"来女书记，选出娘子军

大齐沟村村口

2018 年大齐沟村换届，一个人走进了镇党委的视野。她就是有 30 多年党龄的高彩霞，淳朴善良、雷厉风行、长期从事涉农经商创业的她，是村书记的最佳人选。

在提名高彩霞为村书记人选的过程中，还有着这样一个插曲。在前期了解情况时，镇党委发现高彩霞的党组织关系并不在大齐沟村，时任镇党委书记灵机一动，给高彩霞打了一个电话："彩霞啊，你党组织关系赶紧转到大齐沟。"出于对镇党委书记的信任，在镇党委的协助下，高彩霞当

天就把党组织关系转到了大齐沟村。

事后，高彩霞经常笑着说，她是被镇党委书记给"诓"回村上的，但她也觉得自己在外闯荡了这么多年，也是时候落叶归根为家乡做点儿事了，所以就欣然同意了。

在村书记的带领下，大齐沟村各自然村屯发生了翻天覆地的变化，终于摘掉了贫困村的"帽子"。

变"路"——"撂荒"的土地，长的是钱

大齐沟村道路两边的农田里蒿草丛生，这是大齐沟人最最看重的"生钱草"——黄芩。

大齐沟村发展黄芩产业还得从 2018 年说起，新一届村班子下定决心一定要带领村民找出一条脱贫致富的门路。

一个偶然的机会，村两委班子了解到种植黄芩可以带动村民致富，在经过外地考察、确定种源、测量土壤后，村书记高彩霞最后拍板："试试！村干部先自己掏钱，种十几亩蹚蹚路。"

整地、采籽、播种、拔草、浇水、上肥……十几亩地，几个人自己上手，没雇一个人。

就这样，黄芩种植产业在大齐沟扎下了第一缕根。这年的夏天，一场大雨将垄台上的土都冲到垄沟里，将刚刚生根的黄芩籽全都压在了里面，长不出来了。回忆起那时的情景，高彩霞仍记忆犹新："当时就觉得，想要为老百姓找个致富的门路，我们几个人苦点儿累点儿都没什么，怎么老天都不成全人！"

大雨过后，高彩霞和村干部擦干眼泪，又去了山里，采籽，再种！下雨冲垄沟，这回我们种垄台，不怕雨冲。天公不作美，种下后，连续一个多月不下雨，村干部又自己掏钱，给地里安装了滴灌

设备，几个人天天下地浇地。

从 2018 年以来，村民们在村干部的带动下，也积极投身到了黄芩产业当中，随着产业的不断发展壮大，成立了合作社，所有销售收入全部归村集体所有，所有村民都享受分红，大齐沟人靠着这一产业富了起来。

变"心"——我服了，我爱了

大齐沟村在改变人心上也有着自己的独到招法。

第一招，祛歪风。大齐沟村原本有好几个"大社员"，这些大社员以"闹村干部"著名。通过开展普法教育和道德感召，村民的法律意识增强了，道德素养提高了，村里的风气一下子正了起来。

第二招，公生明。脱贫攻坚之前，大齐沟村是贫困村，有很多的贫困低保户，全部都做到了集体决定，全民公开。正是这种村干部的一身正气、阳光下运行的村务，在让人信服的同时，也杜绝了背后的"小嘀咕""小议论""小分歧"。

第三招，弘道德。村新时代文明实践站的一角，摆放着一个小柜台，柜台上有着一本厚厚的红色账本，村里人经常戏称这里为"好事银行"。村民们每家每户姓名都写在账本里，账户实行积分制。凡是在孝老敬亲、热爱公益、邻里互助、自主创业、环境整治等方面做了好事或犯了错，全都由村干部专门记在账本里，进行加减分，每年末按照各家各户的积分数额进行相应的奖励。渐渐地，村民们也习惯了做好事，不为奖励，只想为村里做点儿事。

大齐沟村的变，变在人，有乡镇的知人善用，有村干部的担当负责，打造了坚强的村级战斗堡垒；变在路，有创业致富的干劲，有坚忍执着的精神，成就了乡村振兴的产业发展脊梁；变在心，有现代化的社会治理，有讲德行的文明乡风，凝聚了广大村民的精神和力量。

（作者系锦州市义县政协委员，锦州市义县留龙沟镇党委副书记）

在城市公园中重温百年重工业史

宋　波

以"煤都"闻名的抚顺，曾经是我国最大的煤炭生产基地。它作为拥有百余年工业史的重工业城市，新中国成立初期是我国14座由中央直接管辖的直辖市之一。煤矿的开发与建设，孕育带动了抚顺的石油化工、冶金机械制造等工业的兴起，促进了城市的进步与繁荣。伴随着国家经济结构调整和发展战略转型，抚顺的许多老工厂、矿区已逐渐退出历史舞台，成为抚顺百年重工业史的见证者。

在抚顺天湖桥南的采煤沉陷区建起的东北记忆工业主题公园，让这座工业重镇昨日的辉煌重新闪耀起来。公园内放置了代表抚顺工业记忆的62式轻型坦克、机车头、电铲、钢包、龙门吊等展品，仿若要将人们的思绪拉回到那段激情燃烧的岁月。

抚顺工业起步较早，煤炭开采始于20世纪初期。在一百多年的发展过程中，经历了起步、形成、发展、衰退、振兴等过程，尤其是中华人民共和国成立后，在国家计划建设下，成立了大批工业企业，但20世纪80年代后，随着社会主义市场经济的发展，企业发生了重大变化，有的转产改制，有的整体搬迁，有的破产、倒闭、重组。这些历史片段承载着抚顺人民自豪与痛苦的记忆，创造出丰富多彩、光辉灿烂的工业文明。

新中国成立以后，抚顺工业经济得到迅猛发展——新中国的第

一桶油、第一吨钢、第一车煤、第一吨铝都是抚顺产出的。1984 年，抚顺的工业总产值在全国重点城市中排第 15 位，市区重工业产值在全国各大、中城市中排名第 9 位，上缴利润和纳税总额排名第 6 位，是当时全国 20 个百万人口特大城市之一。

抚顺国有大中型企业众多，建在厂矿附近的职工住宅成为这一地区经济、文化活动的中心，企业文化氛围十分浓厚；为丰富职工的文化生活，企业兴建了工人文化宫、电影院、图书馆等活动场所。如今，这些闲置的工业园区成为工业遗产的重要组成部分，转变成充满商业价值、文化创新和社会活力的璀璨明珠。

过去的记忆不应是历史的包袱，而应该成为重构未来的原点与内核。抚顺人民有甘于奉献、以厂为家的情怀，也有不畏艰险、团结奋进的风貌。相信在不久的将来，这座依靠工业而兴起、拥有百余年工业史的重工业城市，将依靠工业再铸辉煌。

（作者系抚顺市政协委员，抚顺市工商联机关干部）

漫步滨海路　时时闻鹿鸣

涂　文

说起大连，你首先会想到啥？是闻名遐迩的北纬 39 度海鲜，还是夏日里凉爽宜人的气候？

今天，我们不说这些，我们说一说大连的城市新名片——莲花山野生梅花鹿。大连市民在莲花山散步时，经常能看到梅花鹿，还可以和小鹿亲密互动。很多外地人特意到大连来拍摄梅花鹿，漫步滨海路，时时闻鹿鸣……呈现出人与自然和谐共生的景象，生态文明建设新故事正在这里上演。

"呦呦鹿鸣，食野之苹"，美丽温顺的梅花鹿是富贵吉祥长寿的象征。漫步大连滨海路，市民常常会与野生梅花鹿相遇，倏然升起惊喜之情。

仰赖野保机构、普通市民对野生动物的友善和保护，更仰赖这座城市融入血脉的环保意识，在大连漫长的南部海岸线上，东起棒棰岛西至张家村的广袤山林中，野生梅花鹿的身影时时出现。不经意间，市民游客就会和鹿群偶遇。作为国内唯一在城区范围内存在野生梅花鹿种群的城市，"峰回'鹿'转，鹿鸣大连"的城市新名片正广为传播。

梅花鹿和东北虎、大熊猫同为国家一级保护野生动物。它曾是

东北地区"原住民"，但由于栖息地环境被破坏，1987年时东北梅花鹿种群仅在吉林珲春、敦化等地还有不足200只野生个体。2004年，大连市区最早发现梅花鹿的踪迹；如今，大连市区已形成了多个沿滨海路分布、彼此独立的鹿群，种群数量约200只。

　　大连市区内的梅花鹿成为远近闻名的网红，全国不少摄影师和游客专程来大连"追鹿"。在西岗区白云山山体公园周边，形成了多个较成规模的梅花鹿聚集点，最多时有四五十只鹿集中活动。这里也成了网友热推的"网红观鹿点"，每逢节假日，观鹿游客少则数十，多则上百。网络上还出现了"大连观鹿攻略"："到大连来看鹿，最令人心动的就是不期而遇的小惊喜！""大连的野鹿群就活动在城市中央、山海之间，这是城市的偏得！"……

　　大连的梅花鹿受欢迎，还因为它们和人类格外亲近，这与大连对野生动物的爱护有直接关系。在滨海路沿线，绘制有一只跳跃小鹿图案的警示标志，并且格外醒目。这是大连交警专门设置的"鹿标"，提醒车辆控制车速，勿鸣喇叭，呵护动物。

　　由于白云山、莲花山一带自然资源有限，难以承载逐渐庞大的鹿群，因此周边形成了有志愿者补饲、巡山、救护梅花鹿的 6 个观鹿点。志愿者们从早晨忙到傍晚，多年来风雨无阻。

大连野境自然中心、万众救援队等志愿者队伍常年参与野生梅花鹿保护救助。2020 年夏天，大连野境自然中心志愿者林裕嵩救助了一只梅花鹿幼崽，经人工饲养半年后被成功放归山林。这只幼崽出生当天，因母亲被流浪狗追撵受到惊吓，其后被弃养。林裕嵩将梅花鹿幼崽带回家，咨询野生动物专家，精心为其调配奶粉和维生素、盐、钙等各种辅食，历经野化训练，小梅花鹿得以顺利长大。被成功放归山林后，林裕嵩还经常到山林里去看望它。2022 年 5 月，在滨海路燕窝岭，一只梅花鹿意外失蹄，被结结实实地卡在石缝里，志愿者忙碌将近 5 个小时，最终帮助这只小鹿脱险……

漫步滨海路，时时闻鹿鸣，一派人与自然和谐共生场景。万物各得其美，众生各烁其辉，生态文明建设新故事正在这里日复一日上演。

（作者系大连市政协委员，大连市雅韵东方文化礼仪研究会会长）

他用光影守护长城

陶　治　金　鑫　陈晶涛

深秋时节，雾锁滨城。天刚蒙蒙亮，家住葫芦岛市龙港区的摄影家王建华就已驱车前往绥中锥子山长城……

穿行在云雾缭绕的丘陵峡谷，恍若梦境般穿梭于古今之中。锥子山长城位于绥中县永安堡乡，全长 22.5 公里，有石筑、砖石合筑和山险墙（劈山长城）三种建筑形式，在建筑上鲜明地体现了古长城"据险制塞""因地制宜""就地取材"的特点。

"2005 年夏天，我第一次探访锥子山长城时，就深深地被这段明长城绵延万里的雄壮之美和历经岁月的沧桑之韵所打动。触摸着拥有六百多年历史的斑驳的城墙，我决心用镜头去解读长城。"王建华感慨道，十几年来，这段明长城早已成为自己的"精神图腾"。

在"长城摄影人家"小院里，王建华单独设计了一间"放映室"，用电视机播放他十几年来与长城对话的一张张照片，讲述照片背后的故事。他希望用自己的力量去守护长城，用更多的作品让大家关注到长城，让越来越多的人参与到保护长城、维护长城环境的行列中来。

2019 年 7 月，国家出台了《长城、大运河、长征国家文化公园建设方案》。自长城国家文化公园建设工作启动以来，葫芦岛市扎实推进长城国家文化公园（葫芦岛段）建设，以"辽西明长城文化公园"为主题的长城国家文化公园项目，作为国家级长城标志性主题展示园重点工程项目列入《长城国家文化公园重大工程建设方案》国家层面的项目之中。

2022 年 1 月，在省文化和旅游厅编制的《长城国家文化公园（辽宁段）建设保护规划（征求意见稿）》中，绥中蓟辽明长城交会段和兴城古城"山海城岛"体系共有 61 个项目列入辽宁省重点建设区段。葫芦岛市以重点打造"辽西明长城文化公园"为总体定位，提出建设绥中蓟辽明长城交接段景观公园等 4 个重点项目。

2015 年，王建华和西沟村党支部书记叶德红曾跨越千里前往浙江义乌参与"义乌兵"后裔寻根活动。在这次寻根之旅中，永安堡乡的二十多名"义乌兵"后裔，在叶前村祠堂内，被义乌乡亲们围得里三层外三层，他们受到了当地人热烈欢迎。四百多年前，正是在这里，叶前村的祖先离开家乡，前往北方抗击"倭寇"保家卫国。此行不仅让叶德红和乡亲们得以寻根，也让他看见了两地发展的巨

大差异。

"长城的文化内涵和外延在这里得到了无限拓展。义乌和西沟村两地人有着这样血浓于水的亲缘关系，我们曾经因长城而分离，也会因长城而相聚。让长城成为连接两地共同发展的纽带，我觉得这是长城赋予我们的新时代的意义。"

近年来，随着探访长城的人越来越多，村民陆续开起了农家院，接待来长城旅游的外地游客，村庄的"大规划"也越来越清晰。

漫山红遍，层林尽染。深秋时节，色彩斑斓的山野，被砖灰色的城墙分割成一个个色块。静立千年的长城依然沉稳，而这片古老土地上的民族正在焕发新的蓬勃生机……

（陶冶系葫芦岛市政协委员，《葫芦岛日报》总编辑；全鑫系葫芦岛市政协委员，《葫芦岛日报》记者；陈晶涛系葫芦岛市政协委员，《葫芦岛日报》记者）

永做服务群众的"十大员"

由德宏

走过党旗飘扬的宣传长廊，陆万长轻轻推开得胜村党史馆的大门，如数家珍地向来访者讲起党的历史和村庄发展史……在村民眼中，退休10年的陆万长忙得很，甚至比在职时还忙。他常说："我就是想为百姓多办些实事、多做些好事，发挥自己的余热！"

有志：传播爱党爱国红色情怀

在得胜村，"有事找老陆，老陆有'招数'"成为乡亲们的口头禅。了解陆万长的人，无不为他"退休不退志，样样干得精"点赞。党史馆首席讲解员、理论宣讲员、妇女儿童之家专职工作人员、农家书屋管理员、老年幸福院管理员、卫生监督员、矛盾调解员、普法宣传员、导游员、档案员……他一人担当了"十大员"，每一"员"的角色都非常出彩！

2015年，得胜村计划筹建村党史馆。陆万长主动请缨，接下了收集村庄史料的任务。他走遍了全村500多户人家，向老年人了解得胜村的历史，深入发掘得胜村在党的领导下从站起来到富起来的时代亮点，收集从土改运动至今的200多幅珍贵照片和300多件实物。

党史馆建成后，他又毛遂自荐担任党史馆义务讲解员，并义务担任盘山县委宣传部理论宣讲员、盘锦市委关工委宣讲团成员、盘山县委关工委讲师团成员，将党的理论传播到厂矿单位和中小学校。

有心：频出金点子美村富民

得胜村曾以种玉米为主，生产经营单一，群众收入不高。看到《新农业》上关于农民栽苹果致富的报道后，他激动地找到村主任，提出调整产业结构的建议。靠着陆"参谋员"的"金点子"，村里栽种引进来的寒富苹果，使越来越多的群众走上了富裕之路。

在陆万长的建议下，郁金香、葡萄种植，小尾寒羊、黄牛等养殖项目也陆续引进到村里。目前，村里种养殖大户已发展到 50 多家，这让世世代代的庄稼人彻底转变了观念，走上了多种经营、立体发展的强村富民之路。随后，陆万长又提出了依托"得胜碑"打造地域旅游品牌的好主意。正是这些超前想法，激起了得胜村打造旅游村的一系列"连锁反应"——从顶层设计到集合人力物力财力，甚至撰写推介文章、创作

大型皮影戏剧本《得胜碑传奇》……

有才：村里大管家，工作全面手

陆万长"退而不休"，每天有 8 个小时忙碌在各个"岗位"上：在妇女儿童之家，他组织的亲子活动和妇女技能培训井井有条，连续两年被省妇联评为先进，还代表盘锦市妇联在省工作交流会上汇报经验；在老年日间照料中心，他把老年人组织起来，开展书法、象棋、乐器等活动，使老年人老有所乐、老有所为；在农家书屋，他自制工作计划，安排借阅流程，将 2510 册图书认真分类编目，还组织开展了"书香盘锦""小候鸟亲子阅读"等活动，为群众推荐书目。此外，他还担任"陆万长法律调解室"专门调解员，为邻里乡亲调解各类矛盾。

多年来，陆万长获得了国家、省、市级各类荣誉数十项，一张张荣誉证书的背后是他心系群众、甘于奉献的情怀与担当。对此，陆万长说："人活着总要有一点儿精神，在能力范围之内，为百姓多做些事，产业强了，村子美了，群众富了，比啥都强！"

（作者系盘锦市政协委员，盘锦市政协副秘书长）

保护知识产权，辽宁这样做

史凤友

习近平总书记强调，创新是引领发展的第一动力，保护知识产权就是保护创新。全省知识产权系统深入学习贯彻习近平总书记系列重要讲话精神，牢牢把握知识产权工作的"五大关系""两个转变""六项重点"，聚焦结构调整"三篇大文章"和"数字辽宁、智造强省"建设，持续改革创新，知识产权综合实力显著提升，对经济社会高质量发展的支撑引领作用进一步凸显。

在顶层设计方面，我省印发《辽宁省"十四五"知识产权保护和运用规划》《辽宁省"十四五"知识产权人才发展规划》，加快制定面向 2035 年的知识产权强省战略纲要，推动将"每万人口高价值发明专利拥有量"写入"十四五"规划纲要主要预期性指标。有力

打击非正常专利申请和商标恶意注册行为，大力实施高价值专利培育工程，聚焦新材料、精细化工、高端装备制造等我省优势领域，依托高

校、科研院所、研发机构、行业骨干企业等重大创新载体，在重点领域、重点产业链和关键环节布局建设一批高价值专利培育中心，推动高价值专利产出。2021年，全省每万人高价值发明专利拥有量4.91件；每万人发明专利拥有量13.18件，比2020年末增加2.2件；全省专利有效量256908件，同比增长30.9%；有效注册商标总量55.6万件，同比增长20.3%。

为了强化知识产权保护工作，2021年，辽宁省首部知识产权保护的地方性法规《辽宁省知识产权保护条例》顺利颁布实施，沈阳知识产权法庭成立，知识产权保护工作列入全省督查检查考核计划，进一步满足了科技创新对知识产权保护的需求。行政执法和刑事司法衔接协作机制已建立，辽吉黑蒙四省区携手开展专利侵权纠纷行政裁决。行政和司法共享的技术调查官专家库已组建，规范技术调查官参与行政裁决办案工作。制定《重大涉外知识产权纠纷信息通报和应急方案（试行）》，完善了重大涉外知识产权纠纷应急机制建设；编印《如何建立国际化发展知识产权风险防控体系》等实务指引，提升了我省企业涉外知识产权保护能力。中国（辽宁）、中国（大连）和中国（沈阳）三家知识产权保护中心的相继获批筹建和运行，大幅压缩了高端装备制造、新一代信息技术、新材料等领域专利审查授权时间。新设了维权援助工作站20家，维权援助机构规范化建设正在开展。全年围绕民生热点加大侵权假冒违法行为查处力度，查办各类知识产权侵权案件331件。同时，亮剑护航、奥林匹克标志保护、地理标志保护、电子商务领域知识产权保护等专项执法行动的开展，进一步规范了市场秩序，提升了知识产权保护水平。沈阳荣获中国营商环境评价知识产权标杆城市，"知识产权制度政策体系"作为营商环境评价东北地区最优表现被国家知识产权局复制推广。

聚焦高标准市场体系建设，辽宁省面向高端装备制造、新材料等全省支柱产业和重点企业开展专利导航工作，建设了首批 6 家专利导航服务基地，加快培育知识产权强企，引导其发挥专利、商标等多种类型知识产权组合的作用，增强市场竞争力。2021 年，培育省级知识产权优势企业 108 家，累计培育省级知识产权优势企业 551 家，国家级示范企业 28 家、优势企业 157 家。在第二十二届中国专利奖评选中，辽宁省获奖项目 24 个，金奖数量全国排名第四位，创历届最好成绩。

保护知识产权有效助力了乡村振兴。2021 年，辽宁省充分发挥地理标志强农富农的制度优势，成功举办了辽宁省首届地理标志直播节，通过政府搭台、专业培训、网络宣传、直播带货、对接洽谈等手段，实现直播销售及意向订单约 2000 万元。新民寒富苹果和盘锦大米入选 2021 年国家地理标志产品保护示范区，岫岩玉等 3 个产品获批国家地标运用促进重点工程，新民寒富苹果荣获第二十八届中国杨凌农高会最高奖"后稷特别奖"。

辽宁省知识产权工作从单一保护，到保护、开发、运用相结合，对经济社会发展的促进作用进一步凸显，人们对知识产权重要性的认识不断深化，创新引领发展的理念正在深入人心。

（作者系辽宁省政协委员，辽宁省政协经济委员会主任）

这里有山，有水，有白鹭

付昀鹭

"两个黄鹂鸣翠柳，一行白鹭上青天。"

很多人熟悉白鹭，是从诗人杜甫的这句诗开始的。地处锦州凌海市翠岩镇前田村廖屯，这个名不见经传的锦凌水库边上的一个小村庄，在2022年成为了网红打卡地。这里水清、岸绿、景美，引来白鹭满天飞……

白鹭是水质和大气的"检测员"，对于栖息地环境要求较高，它们在的地方必然是水草丰美。

我是一个在锦州出生的女孩，父母给我取名昀鹭，就是希望我能像白鹭那样，洁身自好、品格高洁。2019年，我参加了辽宁省公务员考录，在众多可选的岗位中，我选了凌海市翠岩镇政府，成为这个偏远山区乡镇里的一名公务员，我全身心投入到脱贫攻坚和

乡村振兴的事业中去，见证了家乡的发展之变、生活之变、环境之变。

翠岩镇位于锦州锦凌水库建设核心区，在这里有一户绿水青山的守望者，村民田万贵和妻子陆敏，他们从1982年开始承包荒山。"刚承包那阵，山上一棵树都没有，我和老田就天天栽树，往山上背水，像伺候孩子一样，伺候每一棵小树。开春了，就到附近的林场买些树种子，不管啥种子，一把一把地往山上撒，慢慢地，这山就绿了……"

时光荏苒，两位老人慢慢变老，而曾经光秃秃的两座大山却变得绿意盈盈。刺槐、榆树、松树、桑树……五六万株树木遮蔽下的大山，充满了盎然的生机。

"树长起来了，环境好了，鹭就来了呗。"坚持植树造林四十余年的田万贵、陆敏夫妇介绍，"眼前的这片树林，由于多年来植树造林和生态保护，环境发生了翻天覆地的变化。随着生态环境持续变好，白鹭、苍鹭、夜鹭、池鹭等多种鸟类来此栖息、繁衍，展现了凌海的生态之美。"

大概2000年前后，刚开春，这山上不知道从哪儿飞来几只大鸟，有全身纯白的，也有灰色的，头顶上没有冠，落户就不走了，在这儿孵化。到了秋天，天凉了就飞走，往后就一年比一年多，到现在至少有2000只以上。

水库建成蓄水后，翠岩镇依托自然资源，倡导全镇党员干部和村民积极保护生态环境，做好护林防火和植树造林工作，定期开展护鸟爱鸟活动，并为游客建设了观鸟台、设立了鸟类科普标牌，进而让更多人加入爱鸟、护鸟的队伍当中。

这是一片崇尚和谐的热土，移走的乡亲不舍家乡的草木，却乐于把祖辈生存的世代家园，留给鸟儿栖息……这里更有勤劳善良的人民，在新时代乡村振兴的征程上，他们重整行装，再出发……

天际振鹭于飞，映衬青山绿水。日出翠岭东山，于彼西雍勾勒出大诗人李白诗中"三山半落青天外，一水中分白鹭洲"的生态画卷。

（作者系锦州凌海市政协委员，锦州凌海市翠岩镇民政办科员）

毛主席两度接见的植树民兵代表

尹志刚

朝阳市建平县青松岭乡的青松岭村森林覆盖率达61%。走进青松岭，群山绿黛环抱，松涛阵阵，苍翠欲滴，好不惬意。可谁曾想到，当年的它却是"山上秃子头，山下鸡爪沟；风刮沙土起，雨后洪水流；今年盼明年，年年都不收"。昔日的不毛之山，何以穿上了"绿衣"？这里究竟经历了怎样的过往？

民兵植树大战荒山

1957年，党中央发出"治山治水，绿化祖国"的号召，毛主席要求知识青年"到农村去，植树造林，绿化祖国，改变家乡贫困面貌"。青松岭在林场场长的动员下，成立了青年山区建设队。27名知识青年踏上了绿化秃龙山的艰难道路。次年，青松岭村成立民兵连，民兵队伍也由当初的27人发展到108人。夏天，紫外线灼伤了他们的皮肤；冬天，刺骨的寒风令他们手上皲裂条条。但这些都没打垮这支铁军的意志，他们愈战愈勇，矢志把血和汗洒在坚硬的石质山上。遇上极寒的冬天，山上的麻雀都冻死了。为确保来年正常结果，300多亩山杏树要在这时进行更新。大家手脚冻破了，脸冻伤

290

了，却没有一个逃兵，全部圆满完成任务。这坚定了他们"敢叫荒山披绿装"的决心。

更难的还在后头——绿化大阴坡。它是秃龙山大小25个山头中最陡的一个，也是群山的"龙头"。大家平时空手上山都得互相搀扶，更别提往山上挑水了。队友们每趟往返四五里路，在山下满满的一桶水，挑到半山腰，常常只剩下半桶；要是不小心滑倒了，就会连人带桶滚下山……在这样的环境下，大家齐心协力、集思广益，找到了解决问题的突破口——修"之"字形盘山道。为了尽可能减少挑水次数，队员们常常冒雨上山造林。经过20多天的奋战，100多亩的大阴坡处处栽满了黑松。

两度受到毛主席接见

彼时的青松岭群山阻隔，交通闭塞，仅有一条乡土路和一些羊肠小道供人穿行。外来客刚刚触及青松岭的地界，常常踟蹰不前。一开始，民兵们栽树都要从外地运树苗，不仅造价高，而且成活率低。1959年，民兵连决定建设苗圃，自育自造。首先，要在苗圃附近打一眼大井。老乡们知道后纷纷前来劝阻："这下面有流沙和连山石，根本打不出来！"但大家还是挥起膀子干了起来。40天后，四丈五尺的大井终于出水了，清清的井水流进了苗圃，更流进了每位民兵的心田。

从1957年到1966年，民兵连共造林2.4万多亩，治理大小沟壑

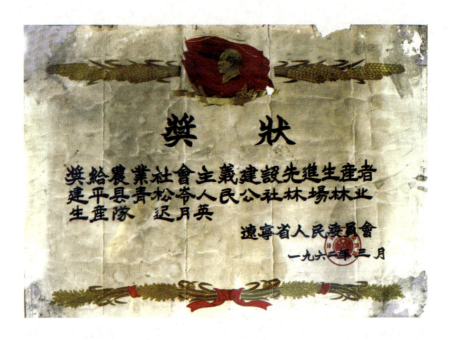

100 多条，修谷坊塘坝 3000 多道⋯⋯青松岭由无人问津的荒山秃岭，一跃跨入全国绿化先进行列。他们的付出，得到了各级党委和政府的表彰，集体被原林业部、国防部、共青团中央、全国妇联等单位奖励达 30 多次。

此间，张俊祥、迟月英被授予全国林业劳动模范，付秀英、迟月英等又被授予省市劳动模范。杨云昌、迟月英、付秀英等被授予全国青年社会主义建设积极分子光荣称号等。

1960 年，付秀英代表民兵连出席全国民兵代表会议，受到毛主席等党和国家领导人的接见。

1964 年，付秀英又代表青松岭团支部参加共青团第九次全国代表大会，再次受到毛主席等党和国家领导人的接见。

有人赋诗形容当时的盛况：

青松岭下出英雄，英雄模范数不清；

五英五昌和二琴，力大无穷宋国生；

全国劳模张俊祥，当年黄忠也不行；

青松岭下出英雄，英雄事迹在山峰；

秃山变成青松岭，陡坡治成花果山；

千沟万壑梯田化，荒山秃岭栽青松；

绿化山区红旗插，赢得全国皆知名。

青松岭迅速成为全县、全市、全省学习的典型，也成为山区建设的一面旗帜。虽然半个世纪过去了，但这只铁军的精神仍然激励着一代代后来者为青松岭的绿水青山事业不懈奋斗！

（作者系朝阳市建平县政协委员，朝阳市建平县政协秘书长）

图书在版编目（CIP）数据

政协委员讲辽宁故事. 4 / 本书编委会编. -- 北京：
中国文史出版社，2023.12

ISBN 978-7-5205-4173-2

Ⅰ. ①政… Ⅱ. ①本… Ⅲ. ①区域经济发展-辽宁-
文集 Ⅳ. ①F127.31-53

中国国家版本馆 CIP 数据核字（2023）第 127609 号

责任编辑：薛媛媛

出版发行：**中国文史出版社**

社　　址：北京市海淀区西八里庄路 69 号院　邮编：100142

电　　话：010-81136606　81136602　81136603（发行部）

传　　真：010-81136655

印　　装：北京新华印刷有限公司

经　　销：全国新华书店

开　　本：720×1020　1/16

印　　张：19.25　　字数：221 千字

版　　次：2023 年 12 月第 1 版

印　　次：2023 年 12 月第 1 次印刷

定　　价：80.00 元